Ullstein

W0041737

DER AUTOR:

Peter Bachér, 1927 in Rostock geboren und ein Urenkel von Theodor Storm, war Chefredakteur von ELTERN, BILD AM SONNTAG und HÖRZU, als deren Herausgeber er auch bis 1992 tätig war. Seit Jahren schreibt er für die WELT AM SONNTAG unter dem Titel *Heute ist Sonntag* meisterhafte Feuilletons, die auch in Buchform vorliegen. Die beiden Auswahlbände *Heute ist Sonntag, Und wieder ist Sonntag* machten ihn zum Bestsellerautor. Peter Bachér ist verheiratet, hat zwei Kinder und lebt in München.

Peter Bachér

Trotz allem glücklich sein

Wofür zu leben lohnt

Ullstein

ein Ullstein Buch
Nr. 20443
im Verlag Ullstein GmbH,
Frankfurt/M – Berlin

Ungekürzte Ausgabe

Umschlagentwurf:
Theodor Bayer-Eynck
Illustration:
Marion Brandes
Alle Rechte vorbehalten
© Verlag Ullstein GmbH,
Frankfurt/M – Berlin
Printed in Germany 1993
Druck und Verarbeitung:
Ebner Ulm
ISBN 3 548 20443 0

5. Auflage April 1993
Gedruckt auf Papier
mit chlorfrei
gebleichtem Zellstoff

Vom selben Autor
in der Reihe
der Ullstein Bücher:

Laß uns wieder von der Liebe reden
(20095)

Als gebundene Ausgaben
im Verlag Ullstein:

Heute ist Sonntag
Und wieder ist Sonntag

Die Deutsche Bibliothek –
CIP-Einheitsaufnahme

Bachér, Peter:
Trotz allem glücklich sein: wofür zu leben
lohnt/Peter Bachér. – Ungekürzte Ausg.,
5. Aufl. – Frankfurt/M; Berlin: Ullstein,
1993
   (Ullstein-Buch; Nr. 20443)
   ISBN 3-548-20443-0
NE: GT

INHALT

I
AUF DEM
WEG ZU
UNS SELBST

Liebes ungeborenes Kind!

Du wirst diesen Brief nie erhalten, denn es wird Dich nie geben. Die Eltern, die Dich zur Welt bringen könnten, haben beschlossen, dies nicht zu tun. Und die Zeiten, da Kinder wie ein höheres Schicksal angenommen wurden, sind ohnehin vorbei: Der Mensch hat sich auch auf jenen Thron geschwungen, von dem wir nicht so genau wissen, ob er ihm nun wirklich zusteht.

Du wirst, es klingt grotesk, beispielsweise nicht geboren werden, weil da diese Sache mit Gran Canaria ist. Das ist so eine Sonneninsel im Atlantik, und da kann jeder zu jeder Jahreszeit seine Jeans ausziehen und braunbraun werden. Und die jungen Leute sind ganz scharf darauf; von Kindern wollen sie sich bei ihren Reisen nicht stören lassen.

Was hast Du auch schon zu bieten – an Stelle von Gran Canaria – Braunbraun? Du hast zu bieten: Schmerzen und Schwierigkeiten, Kummer und Kosten. Dein Lächeln, Deine rührende Hilflosigkeit, Dein erstes zaghaftes Arme-ausstrecken – das erste Wort Mama –, was ist das schon?

Die Menschen sind heute ein bißchen härter als früher, weißt Du, nicht mehr ganz so gefühlsselig. Sie sagen: Baby gleich Arbeit und Verzicht, und Verzicht gleich: Nein! Sie haben ihre Waffen, kleine Pillen, die sie – wortverräterisch – Antibabypillen nennen. Sie haben eine Sorge: daß Du nicht plötzlich doch Dein Kommen ankündigst.

Aber selbst dann ist noch nicht aller Nächte Morgen. Deine Absicht, auf diese Welt zu kommen, würde allemal Gegenmaßnahmen auslösen. Und 218-Wege führen schnell zum Nichts!

Denn Du mußt wissen, daß es hierzulande Wege und Straßen gibt, die den Menschen viel wichtiger sind: Straßen für Autos, Auto rangiert, neben Ferienreisen und Wohnkomfort, vor Baby.

Das, was ich Dir hier schreibe, haben Meinungsforscher herausgefunden. Nicht erschrecken! Der moderne Mensch hat eine neue Form von Ehrlichkeit entwickelt: Er gibt seinen Egoismus jetzt ohne Zögern öffentlich zu.

Das ist keine falsche Heuchelei. Und also auch keine falsche Hoffnung. Und schon gar nicht eine gute Hoffnung. Wir sind nämlich nicht nur aufgeklärt, wir sind auch abgeklärt. Und wir sind ganz groß im Erfinden einer neuen Bequemlichkeitsphilosophie, deren Formel simpel lautet: Babys sind auch ganz niedlich, wenn man sie bei anderen sieht.

Damit ist auch gesagt, daß wir hier nicht von jenen Menschen reden, die aus wichtigen Gründen keine Kinder haben wollen; auch nicht von jenen, denen sie, oft schmerzhaft gegen ihren eigenen Wunsch, vom Schicksal vorenthalten wurden. Nein, wir sprechen hier schon von dem »neuen Egoismus«, von der Eiszeit der Gefühle, die über uns hereingebrochen ist.

Liebes Ungeborenes, natürlich würdest Du, auf die Welt gekommen, tausend Kräfte mobilisieren und den Himmel Deiner Eltern in Wahrheit um eine wunderschöne Dimension bereichern, aber sie werden es nicht erfahren. Und so sagen sie nur: »Ach, wissen Sie, in diesen unsicheren Zeiten . . . « Und sie buchen: einmal Braunbraun und zurück.

WOFÜR ZU LEBEN LOHNT

Was halten wir nun eigentlich in unseren Händen, am
Ende eines Jahres, vor einer neuen Runde in der Hetzjagd
unseres Lebens? Ist nicht alles viel zu schnell gegangen,
haben wir die Welt der schönen Bilder wirklich genießen
können, da doch die schrecklichen Bilder immer wieder
sich dazwischendrängten mit Tod und Terror und Gewalt?

Wir halten eines mit Sicherheit in unseren Händen: ein
Stück gelebtes Leben. Das ist so wenig nicht, wenn wir
nur anerkennen würden, daß es doch für sich selbst schon
ein Wunder ist, überhaupt »dabeisein« zu können im
Weltspektakel; dafür alleine »lohnt« es schon zu leben.

Wir wissen, wenn wir in den Himmel schauen, wenn
wir Sterne sehen: In diesen unvorstellbaren Weiten gibt es
kein Leben. Der Mond ist tot. Unser blauer Planet leuch-
tet märchenhaft in einem Universum, das schweigt.

Wir aber – wir leben! Wir dürfen, einen Wimpern-
schlag lang, teilnehmen, den Himmel sehen, freilich um
den Preis, auch in den Abgrund zu schauen.

Aber wir gehen mit dieser Kostbarkeit, die Leben
heißt, in einer Weise um, die uns immer wieder erschrek-
ken läßt: Wir sind gewalttätig. Die Angst vor dem Krieg
ist ja in Wahrheit die Angst vor dem Menschen, der immer noch zum Kriege fähig ist.

Es gibt ja nicht nur die große Gewalt, gegen die wir de-
monstrieren; es gibt die kleine alltägliche Gewalt, die wir
selber tausendfach Tag für Tag gegeneinander produzieren – mit dem quergestellten Auto auf dem Gehweg
geht's schon los.

Der Astronaut James Irwin, einer der ersten Männer auf dem Mond, hat jetzt, zwölf Jahre später, die Erkenntnis seiner Reise in einem Satz zusammengefaßt: »Der Flug lehrte mich, wie zerbrechlich die Welt im Grunde genommen ist.«

Er spürte aber auch in der Einsamkeit der Kraterlandschaft, was ihm zuvor auf der übervölkerten Erde nicht so deutlich geworden war: Gottes Schöpfermacht und seine Allgegenwart. »Der Flug machte mich religiöser. Der größte Tag in der menschlichen Geschichte war nicht, als der erste Mensch den Mond betrat, sondern als Gottes Sohn auf die Erde kam.«

Vielleicht sollten wir, die wir nicht zu fernen Sternen fliegen, die Botschaft gleichwohl begreifen: daß nicht nur die Erde zerbrechlich ist – das gilt auch für die Mächtigen, die die Hand an den gefährlichen Kriegsknöpfen haben –, sondern daß vor allem unser eigenes Leben zerbrechlich ist – und daß wir alle behutsam miteinander umgehen müssen.

Ein bißchen Dankbarkeit also, nur weil wir ganz kurz das grandiose Welttheater erleben und mitgestalten dürfen? Ja, das, meine ich, wäre eine gute Idee für das neue Jahr: ein bißchen Dankbarkeit!

Welche Rolle spielen Sie?

Haben Sie den Zündschlüssel schon hervorgeholt? Wohin soll die Reise gehen, in die Berge, an die See, in den Wald, zu Verwandten zum Amüsieren, zur nächsten Stadt, fahren Sie ins Blaue, suchen Sie das Grüne, wohin wollen Sie eigentlich?

Ich mache Ihnen einen Vorschlag: Wenn Sie heute auskehren, so kehren Sie doch einmal bei sich selber ein. Besuchen Sie einen Menschen, der schon lange auf Ihr Kommen wartet: Besuchen Sie Ihr eigenes Ich. Das klingt etwas kompliziert, und es ist auch nicht einfach, aber glauben Sie mir, es ist notwendig. Manchmal helfen, die Mediziner wissen es, Bluttransfusionen mit eigenem Blut.

Das Wichtigste zuerst: Denken Sie einmal über die Rolle nach, die Sie in diesem Leben spielen, für sich, für andere, für die Familie, für die Firma, für Freunde, Bekannte, Verwandte, die Neider und Gönner. Und nun stellen Sie sich vor, was von Ihnen bleibt, wenn Sie diese Rolle nicht mehr spielen: wenn Sie also kein Chef sind, kein Ehemann, keine Mutter, kein Vereinsmitglied. Können Sie solche Gedanken mit Gelassenheit ertragen – oder sind Sie erschrocken bei dem Gedanken, nur Sie selber zu sein?

Dann noch eines: Nehmen Sie den Neid aus Ihrem Leben, den Neid, der natürlich ein unheimlicher Motor ist, der viele Dinge vorantreibt – aber bitte: Stellen Sie sich einmal vor, Sie würden keinen Neid mehr kennen. Sie beneiden nicht mehr den Star, der im Jet heute in Paris, morgen in New York, übermorgen in Berlin (aber niemals in Castrop-Rauxel) ist. Sie beneiden nicht den Vorgesetzten, der den größeren Wagen fährt und mehr Recht hat als Sie und von dem Sie oft denken, daß er dafür weniger Pflichten hat. Sie beneiden nicht das Playgirl, das seine Kleider bei Valentino kauft und die Nächte durchfeiern kann, weil es in seinem weichen Leben morgens niemals einen Wecker gibt.

Wenn Sie dies getan haben – die Rolle Ihres Lebens überdacht, den Neid abgetötet für ein paar Stunden –, dann sind Sie der Wahrheit ein Stück nähergekommen. Sie sehen plötzlich die kalten Augen des Partygirls, das nervöse Zittern, wenn der Chef sich die Zigarette anzündet, Sie lesen von einer grauenhaften Kindheit, die der Filmstar erdulden mußte – und Sie fragen sich, ob die Summe des Leidens nicht allüberall immer gleich ist –, nur wenig kann so hilfreich sein wie diese Erkenntnis. Darum: Schauen Sie heute mal bei sich selber ein!

Es kann kein Zufall sein, es kann nicht nur an diesen festlichen Tagen zum Jahreswechsel liegen, es muß etwas mit
unseren Seelen zu tun haben. Und es hat sie alle ergriffen:
Die Jungen und die Alten, die Reichen und die weniger
Reichen, die Kranken und die Gesunden, ich hörte es von
jedem, immer ein bißchen anders ausgedrückt, aber in
Wahrheit gibt es doch allüberall: dieses große Wehklagen
über die »dahineilende Zeit«.

Haben wir nicht das Gefühl, daß wir doch »erst gestern« die Neujahrskarten schrieben, und dabei ist inzwischen ein Jahr vergangen? Wann war das letzte Zusam-
mentreffen mit einem Freund? Es war nicht vor drei, es
war vor sechs Jahren. Die alte Dame, an deren sanfte
Hilfsbereitschaft wir uns erinnern, hat uns schon vor zehn
Jahren verlassen – uns ist, als sei die Todesanzeige »erst
kürzlich« in der Zeitung erschienen.

Wir halten plötzlich betroffen inne, und wir bleiben stehen wie ein Spaziergänger, dem etwas ganz Wichtiges ein-
gefallen ist, und wir möchten – wie einst der Dichter –,
daß »der Augenblick verweilt«. Wir würden gern ein
Stück unseres Kontos plündern, könnten wir die Zeit dehnen, strecken, ihren schnellen Lauf abbremsen. Am liebsten würden wir die Uhr einfach anhalten, uns in ihre Zeiger werfen, die mit ihrem monotonen Rundlauf nur vor-
täuschen, daß es morgen ja wieder diese mittägliche Stunde gibt wie heute – und dabei ist es doch dann eine ganz
andere Stunde! Ja, der Prediger hat schon recht, der uns
daran erinnert, daß die Uhr eine feinsinnige Täuschung ist
und daß die Zeit eher einem langen Korridor gleicht, den

man entlangeilt, wobei jeder Tag eine Tür ist, die man abends zuschlägt – und diese Türen haben den Griff nur an einer Seite: Man kann sie nicht mehr öffnen!

Wie aber kommt es, daß wir – mehr als je zuvor – unter der dahinstürmenden Zeit leiden? Dieser Rohstoff ist doch nicht knapper geworden, da doch unser Leben im statistischen Durchschnitt länger währt? Ist unser Appetit auf das Leben vergrößert? Packen wir zuviel hinein, oder anders gefragt: Packt man uns zuviel hinein?

Sicher, wenn wir zurückblicken, dann erschaudern wir nochmals unter den Keulenschlägen, die wir, oft nebeneinander, ertragen mußten: die Terrorakte, die Geiselnahmen, die Weltkrisen, die düsteren Wirtschaftsprognosen, die Katastrophen, in denen sich eine kranke Erde unter Schmerzen aufbäumt. Auch wenn wir nicht direkt dabei waren, so kann doch keiner sagen, daß wir nicht in unseren Seelen betroffen waren. Der Eintrittspreis für die Horrorschau des Lebens ist die dauernde Hergabe von Gefühlen aller Art, aber Mitleiden und Mitfreuen sind nicht beliebig vermehrbar.

Mit anderen Worten: Auf der einen Seite haben wir die Zeit – sie ist nicht veränderbar, nicht zu manipulieren, nicht zu kaufen, zu verteilen, zu verschenken –, und auf der anderen Seite haben wir ein ungeheures Lebenstempo: dabeisein, mitmachen, mithören, mitreden, mitmischen! Und das alles zwingt uns, immer häufiger auszuwählen, vieles zu versäumen, was wir »eigentlich« auch noch mitnehmen könnten.

Und so stehen wir Kinder des Wohlstands in diesem Leben wie in einem Supermarkt, wo in den Regalen all die schönen aufregenden Dinge liegen, von denen uns die Werbung sagt, daß wir sie uns nur »zu holen« brauchen.

Aber dann kommt noch eine Bürde: Wir müssen an der Kasse vorbei und zahlen! Und dort bezahlt man nicht mit Geld, nicht mit Öl, nicht mit Naturalien – dort bezahlt man mit Zeit! Wir bezahlen in Wahrheit immer mit dem Kostbarsten! Wir zahlen mit dem Besten, was wir haben.

Und weil wir das plötzlich alle dramatisch spüren, sagen wir nicht leichthin wie unsere Großeltern: »Kinder, wie die Zeit vergeht«. Wir sagen es ernster, trauriger, wir klagen über die »dahineilende Zeit«, als sei sie selbst schon eine Krankheit geworden.

URLAUBSGLÜCK LÄSST SICH NICHT BUCHEN

Was wir immer schon befürchteten, das ist nun endgültig Gewißheit: Mit dem Urlaub ist es auch nicht mehr wie einst. Das geht an den Nerv, das schmerzt. Man kann schon von einem Urlaubsbankrott sprechen. Wäre dieser verregnete Sommer eine Firma, er wäre pleite. Nicht nur, daß er keine Dividenden zahlt, er würde wegen Betruges vor Gericht müssen. So sommerlos darf sich ein Sommer einfach nicht benehmen, auch wenn er uns jetzt noch ein paar versöhnliche Frühherbsttage schenkt.

Denn wie stehen Millionen von uns da? Mit blassen Beinen und leeren Händen! Das Gefühl, das viele sowieso im Leben haben – »Kann denn das wirklich alles gewesen sein?« –, stellt sich nun auch in den schönsten Wochen des Jahres für jeden dritten Urlauber mit Macht ein.

Stoßen wir einmal – an Regengüssen, an Kälte, an geschlossenen Tankstellen, an überfüllten Straßen, ausgebuchten Flugzeugen, zerbombten Hotels und Hurrikans vorbei – zum Wesentlichen vor: zur seelischen Verfassung des modernen Menschen. Dann spüren wir: Die Urlaubs-Apokalypse ist schon da.

Natürlich gibt es alarmierende Zahlen: Nur noch 69 Prozent aller Reisenden kamen einigermaßen zufrieden zurück. Im vorigen Jahr waren es zehn Prozent mehr. Ein Verfall – wie bei irgendeiner mittelamerikanischen Währung.

Nicht ohne Grund ging ein Foto mit dem Titel: »Der Mann, der aus der Kälte kam«, durch die Weltpresse. Es spiegelt trostloses norddeutsches Urlaubsvergnügen wider. Strandkörbe: geschlossen. Ein »Verrückter«, der bei

14 Grad in die Ostsee taucht, wird von drei Zugemummten bestaunt. Das Verhältnis von Aktiven und Passiven, das wir auch sonst im Leben antreffen, ist hier ebenfalls zu besichtigen: eins zu drei. Einer versucht noch zu retten, was zu retten ist, drei haben schon aufgegeben – wer ist glücklicher?

Bleiben wir ein bißchen bei der Philosophie, entdecken wir auf der Ferienszene einen neuen Zusammenhang: Die fast krankhafte Ungeduld, mit der wir glauben, das Paradies – sozusagen auf Kommando – per Buchung, Ticket, Zimmerreservierung zu bekommen, funktioniert nicht mehr. Denn wohin wir auch reisen: Die anderen Glückssucher sind auch schon da. Die Paradiese sind überfüllt. Kein Geringerer als Pascal hat schon vor drei Jahrhunderten gesagt: »Der einzige Grund für das Unglück des Menschen liegt darin, daß er nicht weiß, wie er ruhig in seinem Zimmer bleibt!«

Der Ausweg? Die Rettung? Die Heilung? Wir müssen begreifen lernen, daß wir von dem hohen Podest herunter müssen, auf dem wir stehen und verkünden: Die Welt ist total machbar geworden – und der Urlaub also auch. Wir glauben hochmütig, kein Schicksal mehr ertragen zu müssen. Wir wollen alles regulieren, arrangieren, computerisieren, organisieren, reglementieren.

Aber das geht nicht! Da kommt eben der mürrische Kellner, er knallt uns den schlecht gespülten Teller mit Pommes frites, die zu kalt sind, auf den Tisch – und die Urlaubsträume? Die verfliegen wie der Rauch der Würstchenbude im kühlen Sommerwind.

Nein, so geht's nicht weiter. Vielleicht haben wir einen trostlosen Sommer gehabt, damit wir endlich von dem fliegenden Teppich auf den normalen Teppich umsteigen.

Interessant, was ich alles hören mußte, als ich so rundum einmal die Frage stellte: Wie fühlt man sich eigentlich, wenn man fünfzig Jahre alt wird?

Da gibt es die ganz Lockeren, die Ewigfrischen, denen die Zeit, die dahineilende Zeit, partout nichts anhaben kann. »Nichts gemerkt, ein Tag wie jeder andere, nur nicht wichtig nehmen.«

Da gibt es die Gewandten, die Lebenskünstler, für die das Dasein eine Ebbe-und-Flut-Angelegenheit ist, bei der es nur darauf ankommt, immer schön oben zu bleiben. Wie ein Wellenreiter. Und die Empfehlung, falls man am Geburtstag doch einmal von der Blässe der Melancholie angekränkelt wird? »Durchtauchen, einfach durchtauchen.«

Da gibt es die Bedauernswerten, die sich in irgendeiner Einsamkeit versteckten, weil sie plötzlich, wie es heute im Zusammenhang mit der vielzitierten »Krise in der Mitte des Lebens« so oft heißt, »das Ende des Tunnels« sehen – also das Gefühl haben, das bisher gelebte Leben könne doch nicht alles gewesen sein ...

Wir lesen viel von diesen Philosophien, wenn Prominente fünfzig werden – wie beispielsweise Hans Dietrich Genscher. »Gibt es nicht doch ein bißchen Angst oder Furcht vor dem Ruck ins nächste Jahrzehnt?« Der Bundesminister schaut mich so inwendig an, als ob er ausdrücken möchte: Gebe ich Ihnen Veranlassung, mich ausgerechnet so etwas zu fragen?

In der Tat: Sein Leben ist schneller als der Quirl eines Mixbechers. Allein die vergangenen Tage! Die Dauerdebatte über Atomenergie, die Blitzreise nach Washington zum US-Präsidenten, zurück nach Bonn zum Aktenstudium, dann nach Jerusalem – das alles in zweihundert Stunden hineingepackt! –, wer kann sich solche lebensprallen Pakete wünschen, wie kann man sie tragen?

Ich unterhalte mich drei Stunden mit Genscher, suche nach der Batterie, die dieses Nonstop-Leben speist – wir sprechen von Gott und »Midlife-crisis«, von Lebenssinn und Älterwerden –, wir sitzen in der gemütlichen Ecke des Gästehauses auf dem Bonner Venusberg, dort, wo immer Genschers Vier-Augen-Gespräche stattfinden.

»Seit ich schwer erkrankt insgesamt über drei Jahre in Krankenhäusern gelegen habe, weiß ich um das Glück, arbeiten zu können.« Das ist seine erste Antwort. »Ich kann gut schlafen – das ist ungeheuer wichtig, das darf man nicht unterschätzen« ist die andere. Ist das alles, ist das wirklich alles?

Dann spricht er noch von etwas Wichtigerem, von seiner »Kunst der inneren Versammlungsfähigkeit«. Das bedeutet: Schneckenhaus, nachdenken, meditieren, die Kräfte ausbalancieren, die Möglichkeiten des Lebens ertasten, Phantasie und Realität mischen.

Es ist schwer, mit Fünfzigjährigen zu sprechen, sie mögen unbekannt, sie mögen prominent sein: Sie ahnen – immer noch im harten Alltagsstreß – schon sehr wohl etwas von dieser Demut, aber sie haben dafür noch nicht die Zeit. Keine Frage also auch, was man den Fünfzigjährigen vor allem wünsche sollte ...

DAS KLEINE WUNDER GIPS

Das kleine Wunder begann mit einem Stolpern, einem Schmerz, einem Gipsverband – und mit der Art und Weise, wie die Menschen rundum auf meinen plötzlich geschienten Arm reagieren.

Da ist der Taxifahrer, der trotz hupendem Verkehr aus dem Auto springt, um mir die Tür zu öffnen; da ist ein junger Mann, der mir mehrere Päckchen zu einem Paket zusammenpackt, »damit Sie nur einmal tragen müssen«, da ist eine alte Dame, die einen Arzt weiß, der solche Ärgernisse angeblich blitzgeschwind heilen kann; da ist mein kleiner Sohn, der seinem Vater einen Gute-Nacht-Kuß gibt, der um Bruchteile länger dauert als sonst üblich.

Kurzum: Eine Welle von Anteilnahme, von Hilfe und Mitgefühl kam mir entgegen. Ich gestehe: Ich war verwirrt von so viel unerwarteter Güte. Ich sprach mit Freunden über dieses kleine Alltagswunder. Auch sie wußten plötzlich Beispiele zu erzählen, denen allerdings allen eines gemeinsam war: Der Schmerz war von außen zu erkennen. Wie es drinnen aussieht, geht niemand was an – dieser Vers gilt noch immer, man könnte ihn ergänzen: Vor den seelischen Verwundungen, die ja viel häufiger sind, stehen wir fast immer mit leeren Händen, weil wir nichts von ihnen wissen. Für Einsamkeit gibt es keinen Streckverband, für verlorene Liebe kein Krankenhaus, für Demütigungen keine Wartezimmer.

Ein Psychiater erklärte mir Aggressionen im Straßenverkehr damit, daß ja jeder Autofahrer für sich ganz alleine im Blechkäfig sitze, unfähig, mit anderen zu sprechen. Könnte aber ein »rücksichtsloser Raser« den anderen Autofahrern signalisieren, daß er eigentlich in die Klinik müsse, weil beispielsweise seiner Frau plötzlich eine lebensgefährliche Operation bevorstehe – sie würden ihm freiwillig den Weg räumen. Aber da er sich nicht mitteilen kann, halten ihn die anderen für rücksichtslos.

So wie hier geht es auf den Straßen unseres ganzen Lebens zu. Weil seelische Verwundungen geheim bleiben, bleibt auch das Mitgefühl aus. Aber das kleine Wunder mit meinem Gips hat mir gezeigt: Die Welt rundum ist freundlicher, als ich dachte.

Die Lehre aus alldem! Wir sollten lernen, die verschlüsselten Botschaften zu erspüren. Die Einsamkeit in der Menge. Die Traurigkeit im Lächeln. Die Hilflosigkeit in einer zur Schau gestellten Sieghaftigkeit. Wir alle, die wir auf der Reise durch dieses Leben sind, haben verschiedene Wege und Ziele. Überfordern wir uns ohne Not nicht gegenseitig. Der Dichter Antoine de St. Exupéry schrieb es auf: »Wenn ich einen Hinkenden zu Tisch lade, bitte ich ihn, sich zu setzen, und verlange nicht von ihm, daß er tanze.«

Ein Vater wird plötzlich nachdenklich

Vielleicht liest Du diesen Brief gar nicht, mein Sohn, den ich Dir heute schreibe. Es wäre auch nicht schlimm, denn der Brief ist ohnehin auf die Zukunft gerichtet, und er enthält ein Geständnis und vielerlei Sorgen und ist für einen Zwölfjährigen eigentlich nicht die richtige Lektüre.

Ich habe darüber nachgedacht, daß ich immer häufiger nachts, wenn Du schon eingeschlafen bist, an Dein Bett trete und von Gedanken angesprungen werde, die ich früher nicht kannte. Diese Gedanken kreisen um Deine Zukunft, aber sie entstehen, weil die Gegenwart mit Energiekrise, mit Ölschock, Terror, Hunger und Kriegen die dunklen Chiffren liefert, die so schwer zu enträtseln sind.

Im Grunde sind es Sorgen – aber nicht Sorgen von der landläufigen Art, die es sozusagen immer schon gab: Nein, es sind neue, elementare Sorgen, wie die Welt ausschauen wird, die einmal Dir gehören soll. Nun würde ich davon nicht sprechen mögen, wenn nicht eine Meldung aus dem Land der unbegrenzten – und auch sehr begrenzten – Möglichkeiten gekommen wäre, die besagt: Noch niemals zuvor haben so viele amerikanische Eltern bei einer Meinungsumfrage offenbart, daß sie die Zukunft ihrer Kinder nicht mehr rosig sehen, daß sie sogar glauben, selbst ein besseres Leben gehabt zu haben, als ihre Kinder je haben werden. Das sieht nach einer Folge des Ölschocks aus, ist aber für die Amerikaner, für Väter und Mütter, in Wahrheit ein Seelenschock. Tiefer kann die Verwundung schwerlich gehen, da doch das natürliche Gefühl darin besteht, den Kindern zu wünschen, daß sie es einmal (noch) besser haben werden, als man es selbst gehabt hat.

Und noch eine zweite Meldung läßt sich mit dieser aus New York verknüpfen, und diese stammt aus unserem Lande. Sie besagt, daß im Bundestag demnächst darüber gesprochen werden soll, warum nur noch gut eine halbe Million Babys pro Jahr hierzulande das Licht der Welt erblicken, während es doch vor zehn Jahren noch weit über eine Million waren. Zeigt sich in diesem rapiden Geburtenrückgang nur die Tatsache, daß »die Pille« funktioniert – oder signalisiert sich hier nicht das große Unbehagen, das verschwundene Zutrauen in die Zukunft?

Ist also die Kinderverweigerung gar nicht die exzessive Form der Kinderfeindlichkeit, für die wir sie immer hielten? Haben wir es möglicherweise eher mit einer seltsamen Art von Kinderfreundlichkeit zu tun – sozusagen eine moderne Spielart nach dem Motto: Die Kinder, die man nicht zeugt, können auch nicht schlecht behandelt werden? Ist nicht nur ein Energiemangel an Tankstellen und Heizöfen mit im Spiel, sondern ein Lebens-Energiemangel?

All das sind Fragen, die durch meinen Kopf gehen, wenn ich an Deinem Bett stehe. Natürlich denke ich auch, ob wir etwas falsch gemacht haben. Vielleicht sind wir Hier-und-heute-Menschen geworden im Niemandsland zwischen Traditionen, die wir abgestreift haben, und einer Zukunft, die uns Angst und Beklemmung bereitet, weil sie nicht nur ungewiß, sondern auch dunkel vor uns liegt.

Ja, ich stehe an Deinem Bett und bin nachdenklicher als je zuvor.

Was hat Ihr Leben für einen Sinn?

Ein Bestseller in Frankreich verkündete es: Wir Menschen sind nur ein »Zufall«, mehr noch: ein »Betriebsunfall der Natur«. Wir Menschen sind die »Treffer« in der gigantischen Lotterie des Lebens. Wir Menschen leben am Rande des Alls, das unberührt bleibt von den Leiden und Hoffnungen, die uns täglich berühren, die uns oft auch in Verzweiflung treiben.

Und da es ein Wissenschaftler ist, der dies behauptet – es ist der Biologe und Nobelpreisträger Jacques Monod –, wird das Buch »natürlich« zu einem Erfolg. Wurde es nicht auch höchste Zeit, daß uns – zwischen Materialismus und Gottglauben – mal eine »neue Wahrheit« offeriert wird, da es doch überall immer Neues gibt?

Die Frage nach dem Sinn unseres Lebens – wem stellt sie sich nicht? Ich stelle sie mir oft, stelle sie auch anderen. Die zwei verblüffendsten Antworten, die ich hörte: Der eine, ein Professor auch er, meinte melancholisch, er sei vielleicht nur auf der Welt, um dafür zu sorgen, daß der Ausgleich zwischen Sauerstoff (den er einatmet) und Kohlensäure (die er ausatmet und die die Pflanzen brauchen) auch wirklich funktioniert. Und der andere, ein Manager, ein Vielbeschäftigter, ein Lebenskünstler, antwortete: »Der Sinn meines Lebens? – Daß ich lebe!« So kompliziert – so einfach ist das. Von der Liebe habe ich nichts gehört. Einige sagen, der Sinn ihres Lebens habe sich in ihren Kindern erfüllt, die anderen nennen die Arbeit. Manche haben Angst, überhaupt nachzudenken: Sie fürchten, die Geister, die sie rufen, dann nicht mehr loszuwerden.

Aber die Fragen kommen, irgendwann: wenn wir einen Menschen, den wir lieben, verloren haben; wenn wir glauben, gescheitert zu sein; wenn wir krank sind, einsam und allein; wenn die Hetzjagd des Tages der Ruhe der Nacht weicht, dann kommen die Fragen. Dann tauchen sie auf, »wie der Mensch in der gleichgültigen Unermeßlichkeit des Universums nur durch einen Zufall aufgetaucht ist« – so der Professor Monod: die Fragen nach dem Sinn unseres Lebens.

Der Bucherfolg des Professors beweist nicht, daß er recht hat. Der Erfolg beweist nur, daß diese Frage »in der Luft« liegt. Welche Antwort haben Sie gefunden?

Das neue Jahr – ein Geschenk des Himmels

Nun liegt es vor uns – und es sieht so endlos aus: das neue Jahr. Ist es ein Teppich, weich und einladend? Ist es eine Straße voller Warndreiecke? Ist es ein dunkler Wald, in den wir wie Kinder pfeifend hineinlaufen? Ist es ein Meer, stürmisch, bedrohend?

Wir wissen nicht, wie dieses Jahr beschaffen ist, dem wir uns nun zögernd nähern. Wir können auch die Gefühle nur schwer beschreiben, die uns am Neujahrsmorgen bewegen. Ein bißchen Aberglauben war in dieser Nacht da, mit Bleigießen und Schornsteinfeger – aber auch der Glaube war da, der kein Aber kennt.

Wir sind erregt, weil Neues beginnt; wir sind gelassen, weil Neues auch besser sein kann. Wir schwanken zwischen Konfetti und Kirche – und unbestimmte Ängste liegen vor diesem Jahr, das nun wie ein Fremder daherkommt.

Ich lese die Neujahrskarten. Viel Vorgedrucktes ist darunter, gestanzte Wünsche, ein Computer hätte sie schreiben können – vielleicht leben wir wirklich in einer »seelischen Eiszeit«, wie jetzt ein Kirchenfürst zu Weihnachten sagte, vielleicht fallen uns die persönlichen Worte immer schwerer – mechanisierte Gefühle in einer technisierten Welt, alles scheint seinen Preis zu haben.

Und dann entdeckte ich einen Silvestergruß aus dem Süden; ich möchte davon erzählen, er stimmte mich nachdenklich.

»Wir freuen uns unbändig, wieder ein neues Jahr vor uns zu haben, was Schöneres kann es nicht geben, ein Geschenk des Himmels.« Das waren die Worte, geschrieben hatte sie ein Freund, der vor ein paar Jahren Komfortwohnung mit Zweitauto und Zwei-Fenster-Büro eintauschte gegen sein neues »kleineres Leben«.

Nun ist das eine Perspektive, auf die man erst kommen muß. Das Leben »als solches« schon als ein Geschenk zu empfinden. Wir, die wir in der Mühle des Tages unablässig unsere Kreise drehen, kennen dieses Gefühl natürlich hin und wieder auch: Wenn wir bei einem Unfall noch einmal davongekommen sind, wenn wir eine Klinik verlassen – dann ist es da, dieses unbändige Glücksgefühl, leben zu dürfen. Aber das sind nur Augenblicke. Sonst stecken wir voller Probleme, sie drohen uns zu ersticken.

In diese Stimmung hinein kommt nun die Formel, die so simpel ist, daß man sie kaum erzählen mag: »Das neue Jahr – ein Geschenk des Himmels.« Auch wenn Erfahrung lehrt, daß gute Vorsätze wenig helfen, weil wir allzu gerne in das alte Flußbett unseres Lebens steigen, so sollten wir diesem Rat doch einmal folgen und das Jahr entgegennehmen wie ein Geschenk.

Behandeln wir es auch so, gleich jetzt. Packen wir es behutsam aus. Machen wir einen Neujahrsspaziergang, genauso einen, wie wir ihn von alten Bildern und Stichen her kennen, gönnen wir uns Empfindsamkeit.

Auch wenn wir nicht so sensibel sind wie der Dichter Tolstoi, der buchstäblich die körperliche Empfindung hatte, »daß die Schönheiten der Natur durch die Augen in seine Seele flossen« – auch wenn wir etwas robuster gebaut sind: Daß wir an diesem Neujahrsmorgen einen Zauberschlüssel in der Hand halten, daß wir den hin und her wenden und staunen können, und daß uns niemand verwehrt, dankbar zu sein – das spüren wir auch.

ICH LIEBE MEINE FRAU

Da ist sie also, die Frage nach dem Glück meiner Ehe, die Frage, ob es Zufall, Schicksal oder nur Kunstfertigkeit ist, eine Ehe richtig zu steuern, über viele Jahre. Diese Frage zielt in die verschwiegenen Winkel des Glücks, sie beantworten heißt: das Wesentliche preisgeben.

Das Geheimnis einer Ehe, die ich als glücklich bezeichnen darf, weil erstens ich selbst es so empfinde und weil zweitens meine Frau mir bestätigt, daß sie genauso fühlt, setzt sich aus mehreren kleinen Geheimnissen zusammen. Ich will versuchen, sie aufzuzählen.

Das erste Geheimnis: Das Glück einer Ehe hängt von dem richtigen Zeitgefühl ab, von der Kunst, mit der Zeit umzugehen.

Die Ehe zielt ins Endlose. Der Gedanke, daß wir sie wie einen elektrischen Apparat eines Tages abschalten können, ist uns nie gekommen. Selbst bei Konflikten – sie kommen vor, sind wie Gewitter, haben nichts zu bedeuten, verändern keinen Sommer, nehmen dem Himmel doch nicht sein Blau – war dieser Gedanke niemals dabei: Man könnte ja auch miteinander Schluß machen. Und wenn sich dieser Gedanke einzuschleichen versuchte – in einem Augenblick der Ermattung, der Verzweiflung –, wir haben ihn nie aufkommen lassen.

Die Zeit spielt aber nicht nur bei der Abwehr von Gefahren eine Rolle, die Zeit ist viel wichtiger beim Gewinn der Ehe. Jeder Tag ist ein Stein im Mosaik. Da sind auch bei uns Tage mit Leerlauf, blasse Tage, Tage im Büro, an denen man glücklos ist, Tage im Haushalt, da die Frau zu ersticken droht, trübe Tage mit den Kindern, an denen man sich fragt, wozu man dies alles auf sich genommen hat – es sind die farblosen Steine, sie gehören dazu, sorgen dafür, daß die roten und gelben und blauen und grünen und lila Steine um so kräftiger leuchten. Wer über fünfzig Jahre alt ist, weiß: Nicht jeder Tag läßt sich in leuchtende Farbe verwandeln. Aber er weiß auch: Jeder Tag ist eine neue Chance.

Meine Frau weiß, daß ich ihr an jedem Morgen eine Rose an ihr Bett stellen möchte, damit ihr erster Blick auf ein Zeichen meiner Liebe trifft. Daß diese Rose nicht dort steht – oder doch zu selten dort steht –, erkennt sie an, als Opfer dessen, was sie selbst so haßt wie ich: die Routine des Alltags, dieses Gefühl, vom Alltag aufgefressen zu werden.

Aber das Leben besteht – je älter man wird, um so deutlicher spürt man es – vor allem aus den Möglichkeiten, weniger aus dem, was tatsächlich geschieht. Ich habe gefunden, daß – bei Frauen noch mehr als bei Männern – das Leben aus Träumen gemacht ist. Würde ich aus den Träumen meiner Frau verschwinden, es wäre der Anfang vom Ende. Es ist nicht wichtig, daß der Ehemann täglich seiner Frau eine rote Rose schenkt, wichtig ist, daß die Frau immer damit rechnen kann, daß es geschieht (und hin und wieder sollte es, um die Phantasie nicht zu überfordern, auch geschehen). Das Operettenlied »Es kommt auf die Sekunde an bei einer schönen Frau« gilt immer noch – auch bei der eigenen Frau.

Das zweite Geheimnis: Das Glück einer Ehe hängt von der Verkleinerung ab, von der Kunst, alles zu begrenzen. Was heißt das?

Wenn man ein Fotonegativ endlos vergrößern will, wird das Bild unscharf; will man einen Luftballon zu weit dehnen, platzt er; möchte man die Ehe in den Himmel stemmen, besteht die Gefahr, daß sie auf der Erde zerbricht. Als ich mit meiner Frau zum erstenmal in Rom war, fünf herrliche Tage lang, als wir dann für den Rest der Ferien zum Baden nach Anzio bei Rom fuhren – da waren wir, den Wagen vor dem Hotel, öfter in Versuchung, »eben noch mal schnell« nach Neapel zu fahren, in die vielbesungene Bucht von Sorrent, nach Capri vielleicht – ein Tagesausflug wäre das Ganze gewesen, so leicht zu machen. Aber wir haben diesen Ausflug nicht gemacht. Wir haben Neapel und Capri damals nicht gesehen, und wir wissen, daß dies nicht falsch war.

Die Sehnsucht ist im Leben, besonders in dem heutigen der Übersättigung, soviel wert wie die Erfüllung. Warum aber sind wir damals eigentlich nicht gefahren? Weil wir auf Rom, diese überwältigende Stadt, nicht noch ein zweites Erlebnis draufsetzen wollten, weil wir die Tage in dem kleinen Anzio, der Stadt Neros, der Stadt der herrlichen Fischrestaurants, nicht verkürzen mochten, denn dort konnten wir zu uns finden, zu unseren Gesprächen und – unserem Schweigen.

Ich will mit diesem Beispiel nicht sagen, daß eine Ehe gefährdet ist, wenn man zwei Orte in drei Wochen besucht – ich will nur sagen: Wir haben herausgefunden, daß Begrenzung in die Weite führt, daß es sinnlos ist, alles Erreichbare nur deshalb erreichen zu wollen, weil es erreichbar ist. Wenn ich ein Auto habe und kein zweites brauche, ist es sinnlos, daß ich mir ein zweites Auto kaufe, nur weil es mit einem großen Rabatt zu haben ist.

Eheleute müssen sich darüber einig sein, was sie nicht brauchen. Das ist wichtiger als die Verständigung darüber, was sie brauchen. Wenn ich mich umschaue, sehe ich viel zu viele Ehemänner, die darüber sprechen, was sie demnächst einmal tun wollen: Es mag eine Anschaffung, ein Möbelkauf, eine Reise, ein Ausflug, ein abendliches Essen zu zweit sein. Wenn Männer wüßten, daß die Zukunft immer schon begonnen hat, wenn sie begreifen würden, daß jeder Tag, der für eine Frau ohne Zärtlichkeit versinkt, die Frau dem Alter doppelt schnell in die Arme treibt!

Die Zärtlichkeit aber liegt immer in den kleinen Dingen, in den heimlichen Gesten, in dem bewußten Sichhinwenden zur geliebten Frau. Das braucht Zeit und Ruhe und Kraft und wieder Zeit.

Das dritte Geheimnis: Das Glück einer Ehe hängt vom Loslassenkönnen ab, von der Kunst, dem Partner »sein Leben« zu gönnen.

Die Frau, die ich liebe, ist eines Tages in mein Leben getreten. Es ist dabei herrlich eingerichtet, daß man an dem Morgen eines solchen Tages noch nicht weiß, wie sehr sich plötzlich alles verändern wird, das ganze Leben, jeder Tag und jede Stunde wird von nun an anders verlaufen – wie viele Fehler, wieviel Törichtes würde man nicht tun, wüßte man um die Wichtigkeit, die in dieser ersten Begegnung liegt!

Ich glaube, daß es darauf ankommt, sich ein Stück von diesem ersten Zueinanderfinden zu bewahren, die Entblätterung der Seele zu verzögern, sich hinzugeben, ohne sich aufzugeben. Das darf keine Masche, kein Trick, keine kalkulierte Absicht sein, aber man muß hin und wieder einen Schritt zurücktreten, um den anderen wieder in seiner ganzen Gestalt zu sehen – und neu zu sehen. Praktisch heißt das: Ich fahre mal ein paar Stunden, seltener auch Tage, allein fort, oder meine Frau – wir nehmen die Trennung bewußt auf uns, wir spüren, mit jedem Tag, der allein verrinnt, was wir uns bedeuten, und wir sagen uns das, wenn wir wieder zusammen sind. Sie fällt uns schwerer, diese Trennung auf Zeit, je älter wir werden, ein gutes Zeichen, wie ich meine.

Damit bin ich beim letzten und wohl wichtigsten Geheimnis: Wir nehmen, von Tag zu Tag mehr, den Tag als Geschenk entgegen. Der Morgen ist eine bunte Kugel, die wir bestaunen; mit dem Abend verlöschen die ungenützten Chancen. Die Bilder des Lebens wechseln immer schneller, wir wissen beide: Unendliches haben wir noch zu besprechen, die ganze Frage nach dem Sinn all unseres Tuns, die Frage nach Gott, die Frage, ob wir unseren Kindern genug sein können – alles, alles wartet noch.

Eine gute Ehe? Eine gute Ehe ist das Gespräch ohne Anfang und ohne Ende. Eine gute Ehe ist das Gefühl, daß das Leben vorher nicht von dieser Welt war, daß eigentlich alles erst begann, als der geliebte Mensch kam. Eine gute Ehe ist für einen Mann die große Chance, die ganze Welt zu umarmen – in seiner Frau.

II
DIE ZEIT,
IN DER
WIR LEBEN

SELTSAM, UNSERE HETZJAGD NACH DER RUHE

Ich höre Bayern III, die Service-Welle des Bayerischen Rundfunks für Autofahrer. Ich höre Nachrichten von der Front, genauer: von der Ferienfront. Die Schlacht ist noch im vollen Gange. Wer den Krieg gewinnt, weiß allein der liebe Gott.

Ich höre, daß die Unfallstelle bei Holzkirchen wieder geräumt ist. Da hat es Tote gegeben, vor zwei Stunden, aber nun ist alles wieder geräumt – so wie beim Schneeschaufeln. Nur daß jetzt Sommer ist und die Touristenlawine rollt und rollt. Ich höre von Polizeigroßeinsatz, von Rettungshubschraubern, von Blutspendern, von Beobachtungen aus der Luft. Ist das die Sprache des Friedens?

Ich nehme via Radio teil an jedem Stau und jedem Schreck, an jedem Tod an jeder Ecke. Immer wieder wird die freche Donna Summer unterbrochen für eine Sondermeldung des Schreckens.

Und plötzlich wird mir klar, das alles hast du in ähnlicher Sprache doch schon einmal gehört. Klingt es nicht etwa wie ein Wehrmachtsbericht? Heute die geräumte Unfallstelle – damals die begradigte Frontlinie. Heute die Massenkarambolage, damals die Kesselschlacht. Natürlich ist heute alles harmloser, kleiner, aber – wen es trifft – tot ist tot.

Und ich denke weiter: Dies ist ja kein vom Himmel geschicktes Unglück, kein Taifun, kein Erdbeben. Dies ist kein Schicksal, das man demütig annehmen muß. Nein, es ist der Mensch selbst, der sich hier auf seine Weise produziert und Chaos schafft. Und es ist nicht einmal der arbeitende Mensch, der sich im Konkurrenzkampf behaupten muß. Nein, es ist der Mensch in seinem schönsten Zustand: dem des Urlaubers.

Also: Kein Chef! Kein Terminkalender! Keine Intrigen! Dafür Freiheit und Freizeit, dieser herrliche Zustand, in dem sich unsere besten Seiten entfalten könnten.

Was aber geschieht? Wir geben in den Ferien unsere Bankrott-Erklärung ab. Wir vermögen vielleicht noch die Arbeit zu organisieren. Aber mit der Freiheit tun wir uns schwer. Weil alle alles wollen, und das möglichst zur gleichen Zeit, bekommt jeder weniger, als er erhoffte. Was werden aber auch für haarsträubende Fehler gemacht!

Was beispielsweise geht in einem Autofahrer vor, der trotz aller Warnungen an einen sechsstündigen Stau (!) an die jugoslawische Grenze heranfährt und sich in einen Blechbandwurm einreiht, gerade so, als handele es sich um einen Gottesbefehl?

Nun könnte man noch über die Schrecken des Weges hinwegsehen, wenn es nur am Ziel stimmen würde. Aber auch dort ist der Riese, der Tourismus heißt, verwundbarer geworden: Waldbrände, Streiks, Bombenexplosion . . . Zur neuen Lebensqualität gesellte sich die neue Ferienqualität.

Soeben meldet Bayern III wieder Zähflüssigkeit. Diesmal in Richtung Norden. Da muß ich an einen Jungen aus Norwegen denken, den ein Freund von mir kürzlich eingeladen hat. Das Kind sollte unsere Art zu leben kennenlernen.

Aber schon nach wenigen Tagen, vorzeitig, wollte das Kind in die Fjord-Einsamkeit zurück. Der kleine Mensch verstand nicht, was er hier sah: unsere gigantische Hetzjagd nach der Ruhe. Heißt es nicht, daß Narren und Kinder die Wahrheit sagen?

Die Philosophen haben uns erzählt, unser Leben sei eine Bühne, die wir betreten, um ein bißchen zu schauen, ein bißchen zu agieren – bevor wir dann wieder verschwinden.

Ein paar Jahrzehnte sind wir dabei, wir können uns nicht aussuchen, wer da neben uns alles mitspielt, und in jedem Fall gilt: Gespielt wird hier und heute.

Nur, das Spiel macht zur Zeit immer weniger Spaß! Die Menschen wirken »gestreßt«, neumodisch gesagt. Viele sind unfreundlich, sie »granteln«. Denn da ist die große Brutalität, die uns täglich mit Schlagzeilen anspringt und an unseren Nerven zerrt – Terrorismus, blutige Demonstrationen, Rowdytum –, politisch maskiert.

Und dann ist da die »kleine Brutalität« – für den Alltag, für jedermann, und wir sind alle von ihr direkt betroffen –, und da sind wir leider sozusagen Täter und Opfer zugleich.

Genauer besehen, sind es natürlich nur Nadelstiche. Autos, die auf Fahrradwegen parken. Radfahrer, die Fußgänger beinahe umfahren. Motorradfahrer, die Höllenlärm schon auf Erden produzieren. Chefs, die Mitarbeiter demütigen. Verkäuferinnen, die Kunden unnötig warten lassen. Die Liste ist endlos: Wie sehr (und wie unnötig!) machen wir einander das Leben schwer!

Ein unheimlicher Virus hat uns befallen, mit Herzlosigkeit ist er nur schwer umschrieben. Walter Scheel sprach als Bundespräsident sogar einmal davon, daß es in unserem Land »ein paar Grad kälter geworden sei« – er meinte nicht das Wetter. Er meinte unsere seelische Verfassung!

Was aber nützt uns aller Wohlstand, was hilft die glitzernde Kulisse, wenn das Spiel des Lebens nicht mehr ganz so viel Spaß macht wie noch vor zehn, zwanzig Jahren?

Was wir dringend brauchen, zumindest, ist ein bißchen mehr Herzlichkeit – und Freundlichkeit. Denn das ist doch die traurige Wahrheit: Es gibt zu viele Menschen, für die die Hilfe eines Fremden im Notfall, der Witz eines Taxifahrers, das aufmunternde Wort eines Kollegen auf dem Korridor das einzige ist, was für sie am Ende eines langen Tages im Kontobuch des Lebens übrigbleibt! Wenig genug . . .

Darf man einmal träumen? Darf man sich für einen Augenblick vorstellen, wie ein deutscher Alltag aussähe, wenn wir alle nur noch freundlich miteinander umgingen? Ja, wie würden wir dann plötzlich alle dastehen: verwandelt, verzaubert, beglückt!

Und das Stück, das wir auf der Bühne des Lebens spielen, wäre gar nicht wiederzuerkennen.

Der Mensch in der komfortablen Isolation

Nun ist die unerbittliche Frage nach dem Leben im Hochhaus plötzlich wieder da – kaum daß ein vergessener Toter in einem Wohnsilo bei Köln entdeckt worden ist. Das Fernsehen rückte an, die Bewohner wurden befragt, die Aussagen waren erschütternd. Der Haß auf das Leben in einem solchen Haus klang ganz unverhohlen – und ein Schamgefühl war zu erkennen, daß inmitten der vielen Wohnungen eine solche Tragödie unbemerkt bleiben konnte.

Die Klagen hatten alle eine düstere Melodie: Hier lebt jeder für sich, hier ist man total einsam, hier ist das Leben künstlich, hier gibt es kein Mitgefühl füreinander – kurzum: der Mensch in einer komfortablen Isolation.

Eine Frau, verhärmt und von Einsamkeit gezeichnet, klagte einem Reporter, sie würde nicht einmal den Nachbarn auf ihrem Flur kennen, ihn nie sehen, seinen Namen nicht wissen.

Nun bestätigen diese Antworten nur das Ergebnis wissenschaftlicher Untersuchungen. Der Befund ist dramatisch: Hochhäuser, so sagen Ärzte, lassen den Bewegungsdrang der Kinder verkümmern, Hochhäuser machen Kranke noch kränker. Die langen Korridore in den ungeliebten Riesen provozieren Alpträume, Angst, Einsamkeit.

Ich glaube, es ist für die Bewohner von Hochhäusern sehr schwer, ein gutes Lebensgefühl zu haben, wenn sie pausenlos Anklagen dieser Art lesen müssen. Und vieles ist ja auch wissenschaftlich gar nicht meßbar! »Ich fühle mich hier als Nummer«, klagt eine Angestellte, »und der

Gedanke, daß vielleicht dreißig Leute über und unter mir just in dem Augenblick, da ich mir die Hände wasche, dasselbe tun, ist schrecklich.«

Die Wohnung nicht als Ausdruck der Persönlichkeit – die Wohnung nur als Apparat, als Wohnmaschine.

Und doch fragt man sich: Sind wirklich nur Beton und Glas schuld an der Misere? Ist es nicht geradezu widersinnig, daß die Menschen sich ausgerechnet dort so fern sind, wo sie doch so nahe beieinander wohnen wie nirgends sonst? So schwierig kann es doch nicht sein, nebenan zu klingeln, einen Besuch zu machen – wenn man nur will.

Ich habe den Verdacht, daß sich in den Hochhäusern etwas ganz anderes spiegelt: die Kühle, um nicht zu sagen: die unerbittliche Teilnahmslosigkeit des Menschen unserer Zeit. Mit anderen Worten: Wir haben es mit einer seelischen Krankheit zu tun.

Diese seelische Krankheit grassiert nun schon seit Jahren. Sie entstand mit dem »neuen Lebensgefühl«, das uns vor allem politische Heilsverkünder in den letzten Jahren eingegeben haben. Angeblich als Medizin – aber diese Medizin ist in Wahrheit Gift! Es ist die falsch verstandene Freiheit! Es ist nicht die »Freiheit für etwas«, die fragt, wozu sie von Nutzen ist – es ist vielmehr die »Freiheit von etwas«, also Loslösung aus Bindungen, Verpflichtungen.

Heute schreibt man nicht nur das Wort »Ich« groß, man schreibt jeden einzelnen Buchstaben dieses Wortes in Versalien. Und so kommt es dann, wie es kommen muß: Das ICH irrt durch die endlosen klimatisierten Korridore der Wohnsilos und stößt überall auf verschlossene Türen. Und an jeder dieser Türen könnte man sich ein Schild vorstellen, auf dem steht: Hier verwirklicht sich auch gerade wieder jemand selbst . . .

ATTENTATE – JETZT AUCH LIVE

Nun gab es sie wieder, diese Bilder von Menschen, die sich am Boden krümmen, von Ambulanzen, von Schreienden und Betenden, von dem amerikanischen Präsidenten, den Leibwächter in den Wagen drücken, damit er aus dem Schußfeld kommt.

Während wir in Europa die Nachricht vom Attentat hörten, ehe die Filme kamen, wurden die Menschen in Amerika von der grauenhaften Bildsequenz unvorbereitet überfallen: live, wie es etwas makaber in der Nähe des Todes heißt – und auch noch mit einem technischen Trick in ihrer Wirkung verstärkt: Attentate gibt es jetzt auch in Zeitlupe! Da jeder öffentliche Schritt des mächtigsten Mannes der westlichen Welt per Kamera festgehalten wird, bleibt dem modernen Menschen, dem Medienmenschen, die unbarmherzige Zeugenschaft des Wahnsinns in allen Einzelheiten nicht erspart.

Und die Frage drängt sich auf: Geht das alles eigentlich so spurlos an uns vorüber, wie wir meinen, denken, glauben, hoffen?

Es gibt ja nicht nur diese Attentatsbilder, die ein Filmregisseur nicht besser hätte hinkriegen können – es gibt ja, Tag für Tag und rund um die Uhr, diese Zeugnisse von Kriegen, von Entführungen, von Hausbesetzungen. Und wir spüren immer aufs neue: Die Erde ist krank, unsere Welt lebt im Fieber.

Gut, da ist die Natur! Wer auf einem Berg steht, ist inmitten der Einsamkeit Gott näher. Wer am Meer entlangläuft, mag das Leid vergessen, das der Mensch dem Menschen zufügt. Wer in eine Kathedrale trifft, mag Trost finden. Wer mit seinen Kindern spielt, mag in ihrer Freude ein Stück Zukunft sehen.

Aber wenn dann wieder Alltag ist – »Normalität« –, fürchten wir, von der Flut der Gewalt doch irgendwann selbst eingeholt zu werden. Wenn die Zukunft der Welt davon abhängt, ob eine Kugel 25 Millimeter zu hoch oder zu tief trifft, dann ahnen wir plötzlich die Zerbrechlichkeit unserer Existenz.

Das Gefühl, daß das Leben immer wieder triumphiert, ist in Millionen Menschen – in diesem Pendelschlag kommen wir nicht zur Ruhe, fragen nach dem Leben und dem Sterben, stellen die Frage nach dem Sinn heute drängender, ehrlicher als zuvor.

Leben in dieser Zeit: Die Flüsse, die bei unseren Großeltern noch kristallklar von den Bergen kamen, sind trübe geworden. Die Lüfte, in denen früher der Frühling sein blaues Band flattern ließ, sind verschmutzt. Aber was wir bei dem ganzen Reden um Umweltverschmutzung oft vergessen, ist eine andere Art von Verschmutzung, die ich die »Innenverschmutzung« nennen möchte: der dauernde Versuch der Vergiftung unserer Seelen mit Ideologie; das Niederreißen aller Werte, die sich bewährt haben; die Endlos-Diskussionen über Tugenden, die nicht mehr »zeitgemäß« zu sein scheinen. Und das Zurückweichen vor der Gewalt.

Wenn die Tochter des amerikanischen Präsidenten nach den Schüssen mit Tränen in den Augen die Welt per Fernsehen beschwört, sie möge doch nun endlich gegen jede Form von Gewalt Front machen, dann wissen wir, daß sie recht hat – aber nützt es was?

Und so werden wir Menschenkinder weiterleben: im Spannungsfeld zwischen dem Terror – zu dem ich schon

ein quergeparktes Auto auf einem Bürgersteig rechne, das
die Fußgänger zum Ausweichen auf die Straße und damit
in die Gefahr zwingt – und dem Spaziergang, hoffentlich
bei Sonne, hoffentlich mit einem Menschen an der Seite,
den wir lieben.

Und da ja die Gedanken bekanntlich frei sind, können
wir uns wenigstens ausmalen, wie unser Leben sein könnte und manchmal ja auch wirklich ist: schön und frei und
sinnvoll und großartig.

Die Kunst, sich des Lebens zu freuen

Wohin man auch kommt, mit wem man auch spricht, in welche Gesichter man auch immer schauen mag: Viel Fröhlichkeit, Glückseligkeit gar – oder auch nur Zufriedenheit ist leider nur selten zu entdecken. Es ist, als ob wir eine Begabung verloren haben, die wir vor zehn, zwanzig Jahren besser beherrschten: uns ganz einfach des Lebens zu freuen.

Die neuen Befunde sind dramatisch. Schon die Jugend leidet unter Zukunftsangst. Jeder vierte Student gehört eigentlich auf die Couch eines Psychiaters. Einige Verlorene fliehen nach Indien – vielleicht kommen die Gurus bald zu uns, wenn sie erst einmal das große Geschäft bei den Zivilisationsmüden wittern. Dann werden sie im nächsten Kaufhaus stehen: Seelenheil im Supermarkt.

Es gibt Bücher über Meditation und Selbstversenkung so viel wie nie zuvor. Die Kurse sind ausgebucht. Versprochen wird eine »neue Sensibilität«, was immer das sein mag. Die große Entdeckungsreise hat nur ein Ziel: ICH. Und da bei dieser Reise kein Veranstalter die Haftung übernehmen kann, werden manche enttäuscht sein, wenn sie schließlich nur bei sich selbst ankommen.

Allüberall die typischen Erscheinungen der neuen Aggressivität, die keine anderen Götter kennt als nur das eigene Ich: geschiedene Ehen, Kinderlosigkeit. In keinem anderen westlichen Land gibt man sich so radikal: Innerhalb von zehn Jahren haben wir die Zahl der Geburten halbiert. Auch ein Babylächeln vermag viele Frauen nicht mehr zu faszinieren, wenn sie erst einmal auf den großen Selbstverwirklichungstrip gegangen sind.

Die größte Angst aber gilt der Krankheit. Dann würde man auf andere angewiesen sein, und so groß ist unser Zutrauen nicht mehr zu den Menschen, daß wir uns da allzuviel erhoffen. Schon sind es fünfzig Prozent der Bevölkerung, die beim Wort Krankenhaus nur an eines denken: an Angst. Es herrscht Kälte und Anonymität, obwohl es doch mehr Ärzte und mehr Schwestern als noch vor Jahren gibt. Das böse Wort vom »seelenlosen Krankenhaus« geistert herum.

Aber in Wahrheit ist nicht das Krankenhaus seelenlos – und die Schule und das Büro und die Fabrik sind es auch nicht, sondern die Frage ist, ob nicht wir Menschen seelenloser geworden sind. »Früher war alles viel herzlicher.« Wie oft hörte ich diesen Satz, als ich jetzt ein Dutzend Menschen bei einem Privattest nach ihrem Glücksgefühl befragte.

Und über allem liegt wie ein grauer Himmel die Frage nach dem Sinn unseres Lebens. Wir fragen öfter und vor allem hartnäckiger als früher. Wir sind wieder Suchende geworden, nachdem wir früher glaubten, viele Antworten schon gefunden zu haben: Indem wir einfach das Leben mit Arbeit und Aufbau ausfüllten. Das reicht plötzlich nicht mehr.

Aber vielleicht läuft die Geschichte andersrum, wie ein berühmter Psychiater vermutet. Daß nicht wir nach dem Sinn des Lebens fragen sollten, sondern daß das Leben uns fragt und herausfordert – und wir die Antwort geben müssen. »Der Sinn des Lebens ist das Leben selbst«, damit sei doch alles gesagt. Hat er recht? Was meinen Sie?

Nun läuft der Film rückwärts, die Verheißungen klingen anders als noch vor Jahren. Versprach man damals Rummel und Kontakte, den großen Freizeit-Spaß, zeigte man den Strand, vollgepackt mit braungebrannten Menschen, so lauten die Signale der Werbung heute: Ruhe, Einsamkeit, Bauernhof, urwüchsiges Ferienleben, Spaziergang am Nordseestrand im Regenmantel, kein anderer Mensch ringsum, nur Meer und Möwen und Muscheln in meiner Hand. Und auch die Jet-Ziele in der Ferne werden leise angepriesen: Ein junges Paar unter dem Sonnenhimmel des Südens, und das Versprechen der Ferienmanager klingt wie aus dem Bilderbuch der Romantik: »Zu sich selbst finden in Griechenland.«

Zu sich selbst finden – wir stutzen, wir fragen uns, ob diese Botschaft »ankommt«, aber wir dürfen sicher sein: Die Sache ist vorher in Meinungsumfragen geprüft. Der Mensch, der so viel in den letzten Jahren entdeckte, macht sich nun auf, sich selber zu entdecken – die größte Überraschung hat er sich noch aufgespart. Obwohl wir, wie keine Generation zuvor, so viel Erlebnisse in unser Leben hineingepackt haben oder hinnehmen mußten, ist das unheimliche Gefühl in uns verborgen, daß wir möglicherweise doch am Leben vorbeileben, daß es da noch etwas Unentdecktes gibt und daß das Wichtigste nicht von außen an uns herantritt.

Und wie immer in solchen Zeiten des Suchens, der Hilflosigkeit, nahen sogleich die »Retter« – Maharishi Mahesh Yogi beispielsweise, »großer Geist und Seher«, indischer Philosoph, der uns verspricht, mit einigen Minuten »Ver-

innerlichung« eine tiefere Entspannung zu finden, als es
mehrere Stunden westlichen Zivilisationsschlafes je schaffen können. In fünfzig deutschen Städten horchen schon
zumeist junge Menschen auf die Prediger eines »neuen Be-
wußtseins«. Glückseligkeit – zu kaufen für eine Kursus-
gebühr rund um dreihundert Markstücke. Früchte, Blumen und ein weißes Taschentuch – Symbole für »Leben,
Samen des Lebens und Reinheit des Geistes«, sind mitzu-
bringen. Vier Millionen Europäer sollen den Rückzug in
ihr Innenleben angetreten haben, kopfstehend, im Schnei-
dersitz beim Hatha-, Raja- oder Kundalini-Yoga. In neun
amerikanischen Universitäten steht Transzendentale Meditation (TM) schon auf den Lehrplänen. Und die Bücher
für seelische Heimarbeiter sind Bestseller – Yogakurse stehen auch hierzulande ganz oben in den Bücherlisten.

Nun sind dieses alles Anzeichen einer Glaubenskrise
ohne Beispiel. In einer Zeit, die so viel von der politischen
Mitte redet, ist der Mensch selbst aus seiner eigenen Mitte
herausgegangen – oder herausgelockt worden. Die Weg-
weiser sind grell, die Texte dreist. In Hamburg beispielsweise wurde ein Kino eröffnet, das Filme zeigt, härter als
der läppische »Schulmädchenreport« – dieses kleine Ein-
maleins wird nun abgelöst durch das große Sexmalsex.
Und in Inseraten jubelt man: Hier werden Filme gezeigt,
die gestern (!) noch nicht möglich waren, denn von allen
Reformen, die uns Bonn in die Wahlwiege legte, ist wenigstens die eine, die Porno-Reform, richtig schön ausge-
wachsen.

Und um »im Milieu« zu bleiben: Ein paar Straßen weiter schreit das Plakat: »Wer bist du?«, und der Werbetext
verkündet: »Die Antwort wird dich erschrecken«, denn
dieser Film sei noch brutaler als der »Exorzist«, und der

Verleih übernimmt »keine Verantwortung für die Gesundheit labiler Besucher«. Die Theaterleitung wird vermutlich ein paar Raumpflegerinnen mehr bereitstellen, sollte einigen Zuschauern schlecht werden – es wäre kein Wunder, darauf ist der neue Satansfilm ja angelegt!

Das grausame Spiel geht nach dem Motto: Wir werden ein Stück deiner Seele zerstören, aber bitte beschwere dich nicht, wir haben es dir ja zuvor lauthals gesagt. Welch ein weiter Weg von dem finsteren Bahnhofskino bis zu dem verträumten Paar unter dem hohen Sonnenhimmel, das zu sich selbst finden will! Und irgendwo auf diesem langen Weg sind auch wir – und suchen weiter.

Siege für die Seele

Wir sitzen und sitzen und sitzen, wir starren auf den Fernseher Richtung Süden, und plötzlich überfällt uns dieses Gefühl, das sich immer einstellt, wenn »einer von uns« an die Grenzen menschlichen Könnens vorstößt – mag dies auf dem Mond, mag dies am Steilhang bei Olympischen Spielen sein. Es ist dieses hochexplosive Gemisch von Bewunderung, Staunen, eigener Ohnmacht, Selbstbescheidung, mit dem unsere eigene Seele in Bewegung gerät – wir glauben selbst für Augenblicke auf Wolken der Begeisterung zu gehen. Rosi Mittermaier holte sich zweimal Gold, einmal Silber – aber uns brachte sie ein paar Gedanken.

Der erste Gedanke: daß es sich vielleicht doch lohnen könnte, den Weg »nach oben« zu suchen, und sei es auch nur beim Abfahrtslauf. In einer Zeit, die über Leistungsdruck jammert, in der das Wort Streß zum Jahrhundertwort geworden ist, in der uns Heilsverkünder das ausdrückliche Nicht-Engagement predigen – in einer solchen Zeit jagte sie mühsam von Sieg zu Sieg. Denn das darf man doch vermuten: daß jene Frau, die gewonnen hat, noch glücklicher ist als wir Zuschauer.

Der zweite Gedanke: Inmitten aller windschlüpfrigen Technik, aller knallharten Geschäftigkeit ist es eben doch nicht wahr, daß ein Mädchen sich selbst aufgeben und gar maskulin zu werden droht, um zur Weltelite vorzudringen. Wenn alle Mädchen heute so weiblich, so fröhlich, so herrlich liebenswürdig aussehen wie sie! Vielleicht muß man auf einer Winklmoosalm zu Hause sein, um die Gefährdung zu überstehen – gleichviel: Man sieht – es geht!

Der dritte Gedanke: Unermüdlich suchen wir Menschen nach neuen Göttern. Wir nehmen sie her, wo wir sie kriegen können: auf der Bobbahn, auf dem Eis, am Skihang. Wer gestern noch nichts wußte von Slalom und Axamer Lizum, von Kondition und Hundertstelsekunde, wen das alles überhaupt nicht interessierte, wurde gleichwohl urplötzlich mitgerissen, wollte auch neben dem zweiten noch das dritte Gold sehen; der »weiße Rausch« erfaßte die Menschen sogar noch im nebligen Hamburg, tausend Kilometer nördlich. Denn in Wahrheit geht es gar nicht nur um den Sport und um Rosi Mittermaier, es geht um uns selbst.

Wir wollen mit unheimlicher Unersättlichkeit wenigstens von Zeit zu Zeit das Erlebnis eines Siegesrausches, und sei es auch nur die Kopie, nacherlebt, wenigstens per Fernsehen und Zeitung aus »zweiter Hand«, nichts Eigenes also – wir sind nur Spiegel, aber unsere Seelen werden doch berührt. Wie ist das möglich – und warum ist das bei Rosi Mittermaier so gelungen?

Vielleicht hat es damit zu tun, daß dieser Dreifach-Sieg so mühsam erkämpft wurde. Daß Vater und Mutter an der Strecke standen, bangend, skeptisch, jubelnd, erschüttert – diese Bilder bleiben unvergessen: Wer wünscht sich nicht, so umgeben zu sein von elterlicher Liebe?

Und dann das Wichtigste: Der moderne Mensch, der Rolltreppenmensch, der sich selbst immer weniger abverlangt, der wehleidig geworden ist, der Natur entwöhnt, in Ballungszentren zu Hause, steht plötzlich vor einem Naturwunder, das aus der Natur Kraft holt. Und plötzlich ist da ein Stück Sehnsucht nach freiem Leben, Pulverschnee, Sonne – und vielleicht auch nach einem eigenen kleinen Rekord, wenn es schon der große nicht sein kann.

Wieviel Angst gibt es an einem Tag?

Jeder Tag, der uns schon nach wenigen Stunden verläßt, ist zugleich ein Tag, den wir nie wieder erleben können. Macht uns der Gedanke daran eigentlich angst? Wieviel Angst gibt es überhaupt an einem solchen Tag?

Vielleicht finden wir beim Aufräumen zufällig alte Fotos, die uns inmitten irgendeiner fröhlichen Runde zeigen, wir halten inne, zählen plötzlich nach, wie viele von denen schon nicht mehr leben, die dort abgebildet sind – und Angst ist da, eine unbestimmbare, aber gleichwohl wahrnehmbare Angst.

Vielleicht haben wir morgens eine Predigt gehört, im Gottesdienst, im Rundfunk, und wir fragen uns, wie unser eigener Glaube an Gott eigentlich beschaffen ist, ob er stark genug ist, also nicht nur ein Oberflächenglaube – und wir haben Angst um diesen unseren Glauben empfunden.

Vielleicht gab es den Anruf eines Freundes, der schwer krank geworden ist, und die Zerbrechlichkeit unseres irdischen Lebens wird uns bewußt.

Dies nun sind Ängste, die privater Natur sind. Ebenso wichtig aber sind die »öffentlichen Ängste«, die beispielsweise, wenn wir vor dem Fernseher Platz nehmen, in Nachrichtensendungen und Reportagen auf uns niederfahren. Wenn wir sozusagen die Gesamtängste dieser Welt auf dem Bildschirm miterleben.

Was geschieht eigentlich in unserer Seele, wenn wir die Bedrohten und Betrogenen, die Schikanierten und die Sterbenden sehen? Geht wirklich alles spurlos an uns vorüber?

Da wird ein Flugzeug entführt – wir hätten doch in der Maschine sitzen können. Da ist ein Attentat in einer Bank – wir hätten am Schalter stehen können. Da gibt es eine Demonstration mit Verletzten – wir hätten zufällig hineingeraten können.

Aus den entferntesten Teilen der Erde dringen die Botschaften des Schreckens zu uns. Das ist der Preis für die totale Information: daß wir Ängste anhäufen wie keine Generation zuvor – keine Frage, daß unsere Fähigkeit, mitzuleiden, Schaden nimmt.

Wenn die Welt, in die uns der Herrgott gestellt hat, so trostlos beschaffen wäre, wie sie abends um 19 Uhr bei »heute« oder um 20 Uhr bei der »Tagesschau« aussieht, dann müßte man Tag für Tag verzweifeln.

Diese ausgewählten trostlosen Bilder verstärken das apokalyptische Gefühl, sie machen die Sinnfindung des Lebens schwerer. Aber der Verdacht ist begründet, daß das Fernsehen in weiten Teilen kein Spiegel, daß es vielmehr ein Zerrspiegel ist.

Denn es dreht sich nicht nur um die aktuelle Berichterstattung aus der realen Welt, wie sie nun mal leider ist. Auch bei Fernsehfilmen und -spielen gibt es, wie eine Untersuchung aus Amerika zeigt, eine erschreckende Entwicklung: 64 Prozent aller Hauptdarsteller bei Fernsehfilmen haben mit Gewalt zu tun – als Täter oder Opfer. Im amerikanischen Alltag dagegen kommen beispielsweise auf hundert Einwohner nur 0,32 Prozent Gewalttätigkeiten. Welch eine Kluft zwischen Schein und Wirklichkeit! 64 Prozent zu 0,32 Prozent!

Die Folge: Vielseher sind ängstlicher – und auch aggressiver – als Wenigseher. Man sieht: Es ist eine Kunst, mit dem Fernsehen klug umzugehen.

ABSPRUNG INS LEBEN

Die Geschichte kommt aus dem Bilderbuch des Lebens. Man weiß nicht, wie die Überschrift des Kapitels lauten könnte. »Der Chef ist müde.« – »Jetzt läuft der Hase andersrum.« – »Die Krankheit unserer Zeit.« – Vielleicht paßt alles, wir werden sehen.

Da gibt es einen Unternehmer, der Schlagzeilen machte, weil er seinen sechzig Mitarbeitern die Firma schenkte. Er selber wollte, fünfundvierzig Jahre alt geworden, endlich einmal Ferien machen. Er hatte Nachholbedarf: Nur drei Wochen in zehn Jahren, das geht in die Knochen. Zumal er bis zu fünfzehn Stunden täglich gearbeitet hat. Er war der Chef, gewiß. Die Firma (und er) machte Gewinn, in Ordnung. Aber in dem Wettlauf zwischen Chefsein und Lebensgefühl siegte plötzlich das Lebensgefühl.

Was geht in der Seele eines Mannes vor, der seine fünfunddreißig Maschinen, seine Werkshallen, seine »Macht« verschenkt? Was geht überhaupt bei jenen Männern vor, die nur die berühmte Flasche Bier holen wollen und dann nicht wiederkommen, die den harten Schnitt Scheidung wagen, die Abschied von den Kindern nehmen – was treibt all diese Männer so umeinander?

Es ist, sagen wir so ohne Umschweife, eine seltsame Angst, die mit keiner anderen vergleichbar ist, schon gar nicht mit irgendeiner Furcht vor Krankheit, Hinfälligkeit, Resignation. Es ist dieses lähmende Gefühl, daß gegen die Zeit, die nun immer kostbarer wird, so vieles anbrandet, was sie zu überspülen droht; viel Nichtsnutziges darunter, Zeitraubendes, vieles, was anderen Menschen möglicherweise hilft, nicht aber der eigenen Seele.

Da hat ein Mann eine Fabrik hingesetzt – aber für Rilke oder Mozart reichte die Kraft nicht mehr aus. Da hat ein Mann den Zweitwagen finanziert, die letzte Hypothek bezahlt, aber für seinen Kindertraum, die Afrika-Safari, langt nur das Geld, nie die Zeit. Auch wer Schopenhauer nicht gelesen hat, bekommt so um die Fünfzig ein Gefühl dafür, was der Philosoph meint, als er schrieb: »Die Heiterkeit und der Lebensmut unserer Jugend beruht zum Teil darauf, daß wir, bergauf gehend, den Tod nicht sehen, weil er am Fuße der anderen Seite des Berges liegt. Vom Standpunkt der Jugend aus gesehen, ist das Leben eine unendlich lange Zukunft, vom Standpunkt des Alters aus eine sehr kurze Vergangenheit.«

Und so geschieht es, daß ein Mann plötzlich entdeckt: Nun gehen die Uhren schneller, nun zählt nur noch Wesentliches und Wichtiges, und dies sind möglicherweise gar nicht die Maschinen, die Akten, die Konferenzen, die Beschlüsse – und er ändert, ein letztes Aufbäumen vor der Routine, seinen Kurs. Und alle Welt sagt:

Was ist denn in den Mann gefahren, der die Firma verschenkt, die alten Kreise verläßt, die Verwandten nicht mehr für wichtig hält? Und alle Welt müßte wissen: Hier ist ein Stück grenzenloser Einsamkeit des Menschen sichtbar geworden. Und sei es nur, daß der Mann, der angeblich müde geworden ist, nun plötzlich eine Entdeckung gemacht hat: daß an ihn eigentlich niemand denkt, daß alle rundum nur erwarten, der Chef wird es schon richten. Kein Wunder in dieser Zeit, in der Egoismus und Neid – ein teuflisches Paar! – ideologisch hoffähig geworden sind.

Da stand sie auf der Bühne, die Premiere des »Menschen-
feindes« war vorüber, der Beifall prasselte minutenlang –
sie verneigte sich, sie dankte, sie hatte eine ganz große
Rolle gespielt. Nun wich die Anspannung, die harten Pro-
ben waren vergessen, nur dieser Beifall war da –, und da
schossen ihr plötzlich Freudentränen in die Augen.

Am nächsten Tag jubelte die Presse über die junge
Schauspielerin Johanna Liebeneiner, über Rudolf Noeltes
Molière-Inszenierung, über dieses »Meisterwerk der thea-
tralischen Kunst«.

Als ich das Hamburger Schauspielhaus verließ, mußte
ich nicht nur an meine Begegnung mit dem Menschen-
feind Alceste denken – gespielt von Will Quadflieg –, der
mit seinem Ehrlichkeitsfanatismus nicht begreifen will,
daß der Mensch mangelhaft ist, unvollkommen, daß ein
Zusammenleben nur möglich ist mit Toleranz und Verge-
ben.

Ich mußte vor allem an die Freudentränen denken. In unserer Welt voller Tränen sind sie so rar geworden! Warum
sieht man Freudentränen heute so selten? Weil all die Dinge, die sie erst möglich machen, systematisch zerstört werden. Wer ist denn noch bereit, sich an eine Sache zu ver-
schwenden? Wer gibt noch etwas von sich her, ohne nicht
vorher um Mark und Pfennig hart zu verhandeln? Da gab
es ja nicht nur die trostlosen Geschichten von den Lehr-
lingen, die schon bei der Einstellung nach der Altersver-
sorgung fragen. Da zählt ja nicht nur der Stundenzeiger,
wenn es um Arbeit geht – oft zählt schon der Minuten-,

ja, der Sekundenzeiger! Da ist man dabei, selbst über jene Berufe, die wirklich etwas mit Berufung zu tun haben, den Grauschleier der Gleichmacherei zu legen: Bei den Ärzten beispielsweise, die viele Funktionäre am liebsten zu Funktionären »umfunktionieren« würden – die schlimmen Sachen haben heute ihre eigene schlimme Sache. Das alles geschieht durch ermüdende Diskussionen um »Selbstverwirklichung«, Emanzipation, Sozialisation.

Und dann ist da – inmitten dieser trostlosen Landschaft – plötzlich ein so leuchtender Abend: Einige begeisterte Menschen stehen auf der Bühne, sie haben wochenlang hart gearbeitet, nicht nach der Uhr geschaut, jeden Schritt, jede Geste geprobt, sie haben zusammen mit einem genialen Regisseur ein Kunstwerk in einen neuen Rang erhoben – und im Parkett sitzen ein paar hundert Menschen und sind ganz einfach angerührt.

Und das Wunderbare geschieht: Die Menschen danken. Ja, wirklich: Sie danken! Das gibt es noch: nicht nur durch den Kauf der Eintrittskarte, sondern auch durch Beifall, viel Beifall! Sollte ich das Gefühl beschreiben, das sich in diesen Sekunden einstellt, ich müßte das altmodische Wort »beglückend« nennen. Und dieses Gefühl wirkt über den Tag hinaus.

Wenn Frau Liebeneiner ihre Rolle einfach nur »heruntergespielt« hätte, so wie wir in unserem Alltag auch Wichtiges manchmal nur abfertigen, ohne Begeisterung, ohne Engagement »über Gebühr« – sie hätte sicher (noch!) ihre Gage bekommen. Aber die Sache mit den Freudentränen, diese herrliche Sache, wäre nicht passiert! Und auch wir Zuschauer wären gegangen mit dem lähmenden Gefühl, das heute leider so häufig anzutreffen ist: »Nun ja, was soll's.«

Zwei Henrys, zwei Welten und das Glück unseres Lebens

Natürlich haben wir immer wieder das Gefühl, in unser Leben nicht genug hineinzupacken, das Spiel nicht auszureizen, das Glück des Lebens dahinlaufen zu lassen: Natürlich gibt es diese Augenblicke des Zweifels, daß uns die Stunden wegbrechen wie Sand an einer Steilküste, und allzu selten gibt es dann einen Trost.

Wir sahen: Henry Kissinger in Sachen Afrika handeln, verhandelnd. Wir sahen ihn, zwei Tagesschauen weiter, in London, in Paris, in Hamburg. Die Kamera ist nicht so schnell wie der Meister selber. Und während wir uns durch den zähen Feierabendverkehr nach Hause drängten, war er, der Magier im Umgang mit der Zeit, schon auf dem Wege nach Washington.

Und wir fragten uns unwillkürlich: Ist das ein Leben? Genauer: Wäre so ein Leben, hätte man es uns zugedacht, ein erstrebenswertes Leben? Wahrscheinlich würden wir nein sagen, aber mit einem kleinen eingebauten, etwas versteckten Ja. Denn irgendwie meldet sich ja dieses Gefühl: Was kann man nicht alles in so kurzer Zeit sehen, hören, erleben! Denn immer wieder werden sie uns vorgeführt, die Mächtigen, die vor allem eins sind: allgegenwärtig. Sie pressen in ihren Tag hinein, was nur hineingeht. Schon gab es den Tod auf der Überholspur, Streß kennt keine Gnade. Und doch: Sie sind ja alle freiwillig dabei. Sie haben das Leben pur, unverdünnt. Ob das ein köstlicher Stoff ist, den die Ruhelosen da zu sich nehmen: der Beifall, die Macht, der Griff nach der Macht, das Gefühl, sein eigenes Gesicht in allen Zeitungen zu sehen? Ich weiß es nicht.

Während ich diese Fragen hin und her wende, spielt mir der Zufall ein paar Sätze in die Hand, die von einem Mann geschrieben worden sind, der ebenfalls ein Ruheloser war: von Henry Miller. Mit seinen Büchern »Wendekreis des Krebses« und »Sexus« erlangte er Weltruhm. Der 85jährige, nunmehr abgeklärt, hat Trostreiches für uns bereit, die wir nicht so schnell wie Henry, der Politiker, nicht so berühmt wie Henry, der Dichter, sind. Er gibt zwar zu, auch nicht zu wissen, was dies eigentlich für eine Welt ist, welche Kräfte dieses Universum vorantreiben, aber er plädiert dennoch – oder gerade deshalb – für eine entspannte Betrachtung: Wir sollten endlich die Tatsachen erkennen, daß der Sinn des Lebens erst deutlich wird, »wenn wir die Planlosigkeit der Schöpfung entdekken«. Und so empfiehlt er, »die Dinge in Ruhe zu lassen. Es gehört für einen schöpferischen Menschen zum Schwersten, sich jeder Bemühung zu enthalten, die Welt nach seinem eigenen Geschmack umzukrempeln.«

Nun liegen zwischen Kissinger, dem Eiligen, und Miller, dem Weisen, ganze drei Jahrzehnte Leben.

Aber was besagt das alles für uns, die wir sehen, wie die einen von Begegnung zu Begegnung, von Entscheidung zu Entscheidung jagen, während wir in derselben Zeit so harmlose Dinge bewegen wie ein Auto durch den quälenden Feierabendverkehr? Vielleicht dies: daß wir uns die Götter, denen wir nacheifern, aussuchen können. Hier lassen sich die Möglichkeiten beide mit Henry umschreiben!

DIE SONNTAGS-NEUROSE: TESTEN SIE DIESEN TAG!

Wenn wir von Schlagzeilen aufgeschreckt wurden, die sogar den Sonntag mit Krankheiten in Verbindung bringen, wenn das Wort von der »Sonntags-Neurose« jetzt plötzlich wie eine drohende Wand dasteht, dann könnten wir einfach sagen: Das ist eben auch wieder so ein Modewort.

Aber natürlich wollen wir uns dem Phänomen, um das es hier geht, nicht so leichtsinnig nähern. Es muß wohl etwas dran sein, wenn Ärzte beobachten, daß Niedergeschlagenheit, Unlustgefühle und Müdigkeit zunehmend diesen Tag verdunkeln. Wenn sie beobachten, daß der Montag, und damit der Beginn der Arbeitswoche, viel zu vielen Menschen – die Rede ist von zwanzig Millionen Deutschen! – wie ein böses Ungeheuer erscheint, so Dr. Paul Lüth in einem Ärzteblatt. Seine Diagnose: Die Gefühlskurve fällt sonntags steil ab! In der Familie, in den Ehen gibt es häufiger Streit, Scheidungen und Selbstmorde werden eingeleitet.

Wir müssen uns also fragen, ob wir noch mit uns selbst etwas anzufangen wissen, wenn wir die Achterbahn des Alltags verlassen, gleichsam in einer Waldschneise landen, nur noch mit uns selbst und unseren Gedanken. Wenn wir uns plötzlich fragen, wann eigentlich unser wahres Leben stattfindet: in unserer Rolle – als Chef, als Angestellter, als Verkäuferin, als Facharbeiter, als Schüler, als Hausfrau, sozusagen auf der Bühne des Lebens mit Beifall und Pfiffen rundum; oder hinterher: in der Kulisse, wo es stiller ist und wo wir den Schlag unseres Herzens besser hören können.

Was aber sagt uns unser Herz? Vielleicht erzählt es uns

nicht irgend etwas, sondern es befragt uns – nach dem Sinn unserer Existenz? Wir sind dauernd unterwegs zwischen Geburt und Tod, eine immer schnellere Reise, wie uns scheint, wenn wir älter werden. Und die Pausen dazwischen sind die Sonntage, und die sollten nicht dem Wichtigen, sondern dem Wesentlichen vorbehalten sein.

WICHTIG ist im Sinne der Philosophen, was wir tun müssen: Geld verdienen, arbeiten, Verpflichtungen nachkommen. WESENTLICH aber ist etwas anderes: das Gespräch mit dem Menschen, den wir lieben – der Frau, dem Mann, den Kindern, den Freunden. »Alles wirkliche Leben ist Begegnung«, sagt Martin Buber, der weise jüdische Theologe, und er meint, daß das Wesen des Menschen nur in der Gemeinschaft mit anderen zum Leuchten kommt. Vielleicht sollten wir uns am Sonntag klarmachen, was wir in der Hetze der Tage vergessen: Daß wir mit der Zeit viel sparsamer umgehen müssen, daß Zeit kostbar ist, daß die Zeit nur etwas Gegenwärtiges ist – ungenutzt streicht sie vorbei, nichts ist nachvollziehbar, die verlorene Stunde ist wirklich verloren. Alles hat »seine Zeit«, und es ist die Gegenwart – also heute! –, die die Liebe fordert.

Sollten wir am Sonntag eine leise oder auch eine laute Traurigkeit in uns spüren, für die es weder Namen noch Adresse gibt, die Ärzte aber mit Sonntags-Neurose umschreiben und die uns mit Macht oder auch in geheimnisvoller Unbestimmtheit überfällt – sollten wir also am Sonntag an dieser Welt zu leiden beginnen, dann ist das ein Signal, auf das wir hören müssen!

Zugespitzt läßt sich fast behaupten: Sage mir, wie du dich am Sonntagabend fühlst, und ich sage dir, wie es um dich in Wahrheit bestellt ist. Mögen Sie diesen Sonntagstest fröhlich bestehen!

WENIG DU, ABER SEHR VIEL ICH ...

Und dann kam der Augenblick, da an die aus dem Iran
heimgekehrten amerikanischen Geiseln die verblüffende
Frage gestellt wurde, ob sie sich vielleicht als »Helden«
fühlen, weil sie 444 Tage in Haft waren. Was würde hier
die Antwort sein können? Ehe man noch darüber nachdenken konnte, sagte einer dieser Männer bei einer Pres-
sekonferenz in New York den Satz aller Sätze: Nein, sie
seien keine Helden – und wenn es in diesem Drama überhaupt Helden gäbe, dann seien es die Angehörigen, die
diese qualvolle Zeit des Wartens von über einem Jahr, das
Martyrium der Ungewißheit ertragen mußten.

In dieser Antwort, die spontan mit Beifall bedacht wurde, schwingt etwas von verloren geglaubter Liebe mit. Da
bricht etwas hervor, was uns alle berührt; ich meine damit
die Liebe, die an den anderen (!) denkt. Es ist dies eine sel-
tene, eine kostbare Liebe. Denn wohin wir auch blicken,
ob in Filme, Theaterstücke, in die Literatur, ob in die Gesichter der Menschen – wir entdecken heute wenig DU,
aber sehr viel ICH.

Die Zauberformel, die wir erfanden, klingt – von der
Sprache her – so trostlos, wie die Sache selbst natürlich auf
die Dauer auch ist: Selbstverwirklichung! Sie ist einer jener
Psycho-Tricks, mit denen uns die gesellschaftspolitischen
Taschenspieler das Glück versprechen. Es ist hier exakt
wie mit der vielbeschworenen »Lebensqualität«, die immer weniger wurde. Diese Kostbarkeiten verflüchtigen
sich, sobald man sie festhalten will.

Ich kenne Männer, die allein gelassen wurden, weil ihre
Frauen plötzlich eine wahre »Selbstverwirklichungswut«

überfiel. Und ich kenne Frauen, die gar nicht soviel Kosmetik kaufen können, um die Spur der Gier zu überdecken – je länger sie das Spiel spielen, das sie so aufregend »anmacht« (für das neue Leben reichte die Sprache von gestern sowieso nicht mehr aus!).

Wer will heute noch etwas von der Weisheit vom heiligen Berg Athos hören, die da lautet: »Wenn wir lieben – selbstlos lieben–, sind wir nur einen Schaufelwurf vom Paradies entfernt?« Das Trauerspiel unserer Zeit ist: daß wir von solchen Weisheiten kaum etwas halten, daß wir selbstloses Lieben viel zu wenig antreffen, daß wir uns in die falschen Paradiese locken ließen. Eine Ich-Generation, die nun über die Gefühlsleere staunt, die sie selbst in sich trägt.

Überall Klagen, überall Wehmut, überall Schwierigkeiten: Im Verhältnis Mann/Frau, Eltern/Kinder, Lehrer/Schüler, Lehrer/Eltern, Arbeiter/Chef – nirgends stimmt es so ganz. Heiterkeit und Freundlichkeit sind wie einzelne Sonnenstrahlen aus einem Wolkenhimmel. »Die Männer sind heute so direkt«, klagte eine Frau, die die Supermarktmentalität in der Liebe beklagt. Liebe als Schnellgericht.

Mit anderen Worten: Es ist eine gefährliche Unverbindlichkeit in unser Leben gekommen. Und nur dort, wo plötzlich das Schicksal wie ein Faustschlag dazwischenfährt, werden Menschen wach, erkennen sie Wesentliches, treten sie hinter ihrem eigenen Leiden zurück, entdecken sie Schmerzen, die die anderen um der Liebe willen ertragen mußten – und sagen es dann auch. Und die Zeitungen in aller Welt berichten davon, mit riesigen Lettern.

Ja, uns wurde die Lektion zum Nachdenken erteilt, ob wir uns auch morgen daran erinnern?

ZEIGEN SIE DOCH MEHR GEFÜHL!

Da gibt es die Geschichte eines verkrachten Boxers, der nach dem Scheitern seiner Ehe dem kleinen Sohn zuliebe wieder in den Ring steigt, den Kampf durchsteht, gewinnt – und dann an den Folgen des Schlagabtausches stirbt. Eine Tränendrüsengeschichte also, erzählt in einem Film (»Der Champ«), den schon fast dreißig Millionen Menschen in aller Welt gesehen haben.

Jetzt gibt uns der Regisseur des Films den Schlüssel zum Verständnis dieses gigantischen Erfolges in die Hand. »Wir Menschen«, so sagt Franco Zeffirelli (»Das Leben von Jesus Christus«, »Romeo und Julia«), »leiden unter der übergroßen Sehnsucht nach einem gefühlvollen Leben. Wir haben in den letzten Jahren eine grausame Gehirnwäsche durchgemacht, wir stehen vor zerstörten Idealen. Nun wünschen wir uns endlich ein gefühlvolles Privatleben.«

Die Armut der Gefühle, der »Wärmetod«, wie ihn Konrad Lorenz einmal umschrieb, ist wahrhaftig das geheime, uneingestandene Leiden unserer Zeit. Der Mut zum Gefühl, zum großen Gefühl gar, ist weitgehend verlorengegangen.

Die Liebe? Sie ist durch die Pille berechenbar gemacht worden. Das Kinderkriegen sozusagen als Mathematikaufgabe. Der Brief, die Korrespondenz ist dem Selbstwähldienst der Deutschen Bundespost zum Opfer gefallen. Der Mut zum Bekenntnis schwarz auf weiß ist kleiner geworden. Ein junger Manager wagte es kürzlich, auf einem Seminar vor noch jüngeren Mitarbeitern zu sagen, man müsse eigentlich sogar seine Firma lieben, wenn man in ihr erfolgreich arbeiten wolle – er wurde maliziös ausgelächelt. Moderner ist es, die Dinge »cool« anzugehen, ob es auch glücklicher macht, weiß niemand zu sagen.

Wenn wir das große Gefühl – also Liebe, also Leidenschaft für einen Menschen, für eine Sache – sozusagen im Depot behalten und nur mit dem Kleingeld der Unverbindlichkeit bezahlen, dann dürfen wir uns nicht wundern, wenn dabei nichts Wertvolles zustande kommt. »Wir müssen uns bald mal sehen« – ist gar nichts. »Wir sehen uns morgen« – ist alles.

Ich gehe gerne durch die Straßen und schaue in die Gesichter der Menschen, vor allem der jungen Leute. Sie wirken auf eine seltsame Art kühl, ja kalt. Und wenn sie gar ihr selbstgewähltes Parteiabzeichen tragen, die Atomkraft-nein-danke-Plakette, dann kommt oft noch eine andere Sache zum Vorschein: der Hochmut, den alle Fanatiker in sich tragen. So als wollten sie sagen: Ihr, die ihr arm seid im Geist, ihr kennt das Schreckliche nicht, um das wir alleine Bescheid wissen.

Ja, der Mann vom Film hat schon recht: Wir haben wieder große Sehnsucht nach einem gefühlvollen Leben. Wir müssen nur wissen, daß zu Gefühlen auch Mut gehört. Bekennermut! Laut zu sagen: Ich liebe dich, ich brauche dich, ich bin für dich da, das ist schwer. Da unterschreibt man einen Wechsel auf die Zukunft. Aber das ist schön.

Die kleine Münze der Sympathie ist nur das Wechselgeld für die alltägliche Straßenbahn des Lebens, vielleicht für die Achterbahn.

Aber in den siebten Himmel kommt man damit nicht. Versuchen Sie es mal, ich fordere Sie direkt dazu auf: Zeigen Sie schon heute mehr Gefühl. Und Sie werden sehen: Gefühle kommen zurück.

UND UNSERE EHEN?

Das war die Stunde des Fernsehens! Das waren die Augenblicke, da man die Bilder hätte anhalten mögen, diese Bilderbuchbilder aus London, diese unwirklichen Zeugnisse einer strahlenden Wirklichkeit. Denn es war ja kein Märchen, auch wenn es so aussah und auch so genannt wurde: Prinzessin Dis und Prinz Charles' Märchenhochheit, Hochzeit des Jahres, des Jahrzehnts gar.

Ach ja, das Fernsehen! So oft gescholten, so umstritten. Und dann gelingt es ihm, mit einer einzigen Direktschaltung nach London, mehr Menschen vor den kleinen Zauberkasten zu bringen, als es alle Politiker, Fußballhelden und Mondmänner je vermochten: über 750 Millionen!

Und es gab, auch wenn es keiner je messen und beweisen kann, eine unsichtbare Verwandlung in den Herzen von Millionen Menschen! Wenigstens für einige Augenblicke, als der Erzbischof von Canterbury über die Ehe sprach, werden sie sich gefragt haben, wie es denn in ihrer Ehe ausschaut, wieviel Zärtlichkeit im Alltag gerettet werden konnte, wie es denn mit ihrer eigenen Fähigkeit bestellt ist, Liebe zu empfangen, vor allem aber Liebe zu geben. Denn am Hochzeitstag, so sagte der Kirchenmann, wird uns spätestens klar, daß Gott uns nicht als Marionetten will, daß jede Ehe der Anfang eines »wirklichen Abenteuers« ist, daß jeder im anderen zu erwecken vermag, was es sonst nie geben würde – wann wurden in unseren Tagen bessere Gedanken über die Ehe je gesprochen?

Die Ehe heute – sie hat leider Fürsprache nötig! In unserer Zeit grenzenlosen Selbstverwirklichungswahns war die Hochzeit in der St.-Pauls-Kathedrale ungewollt auch eine Art Propagandaschau für jenes Glück, das ohne Liebe (zum anderen – nicht zu sich selbst) nicht zu haben ist.

Ein paarmal wurden Prinz Charles und seine Braut in den Texten der Zeremonie daran erinnert, daß die Liebe währen möge bis ans Ende des Lebens – für viele Hier-und-heute-Menschen inzwischen eine schier unzumutbare Vorstellung. Aber wissen wir nicht zumindest insgeheim, daß der Glanz, der über dieser Hochzeit lag wie über jeder anderen, eben auch mit diesem einmaligen himmelstürmenden Gefühl zu tun hat?

Es war eine Live-Übertragung, und damit ist alles gesagt. Denn nach all dem Zynismus, mit dem heute leider so oft über Liebe und Ehe gesprochen wird, waren diese Bilder »eigentlich« nicht von dieser Welt. Und das Wunder unserer Tage ist, daß diese Königskinderbilder in den Archiven nicht unter Schau, Theater, Kino oder Märchen-Inszenierung abgelegt werden.

Was wären wir ohne unsere Frauen?

Wer beruflich viel mit Männern zu tun hat, weiß allemal, daß sie so eitel sind, wie man es den Frauen nachsagt. Da sind die Hickhackordnung, die Rangelei um die Position, das Statusdenken, der Karrieretraum.

Natürlich glauben sie, diese beruflichen Aufsteiger, daß sie fabelhaft sind. Einzelkämpfer. Ellenbogen. Nabelschnur allen Geschehens: sie selber mit ihrem Können.

Als Gerald Ford als neuer Präsident der Vereinigten Staaten vereidigt wurde, hielt er eine Rede – und hatte den Freimut, genau diese Worte der Festversammlung zuzurufen. »Ich bin keinem Mann zu Dank verpflichtet, nur einer Frau – meiner lieben Ehefrau –, wenn ich jetzt dieses schwierige Amt antrete.« Ein Satz nur – aber welch ein Satz!

Diese Dankadresse erinnert an andere bedeutende Männer, die um die Frau an ihrer Seite gut Bescheid wußten. Otto von Bismarck sprach wenige Wochen vor dem Tod seiner Frau Johanna: »Wenn sie einmal abberufen wird, möchte ich auch nicht mehr hierbleiben. Man nennt mich immer fälschlich den ›Einsiedler im Sachsenwald‹. Aber ich bin ein Zweisiedler. Alles, was ich geworden bin, verdanke ich meiner Frau.«

Und Winston Churchill, der Krieger und Sieger, nannte seine erfolgreiche Werbung um Clementine »den glänzendsten Sieg meines Lebens«. Churchill wurde reichlich belohnt: »Ich habe mein Leben damit zugebracht, Winstons Leben auszupolstern.« Der Dank kam öffentlich, als Churchill einmal ausrief: »Ich heiratete – und lebte von da an glücklich bis auf den heutigen Tag.«

Von dem großen Dichter Heinrich Heine wissen wir, daß er seine Frau »Gattin und Göttin« nannte. »Sie ist«, schrieb der kranke Heine, »vielleicht die einzige Ursache, warum ich dieses hundsföttische Leben noch mit Geduld ertrage.«

Wir alltäglichen Männer sollten bei solchen Worten verschämt innehalten. Nachdenken. Die Frau an die Hand nehmen. Ihr – ihr zumindest! – unseren Dank sagen. Und wenn es irgendwo geht, auch einmal ganz laut verkünden: Ich bin nichts ohne sie.

Nicht, weil es so nett klingt, sondern weil es oft die Wahrheit ist. In dieser kühlen Welt, in der niemand mehr seine Gefühle zu zeigen wagt, weil es nicht »modern« ist – hart sein ist modern, nicht wahr? –, kommt ein Präsident daher und zeigt zum Mut noch etwas viel Kostbareres: die Demut.

Verstecken Sie nicht Ihre Gefühle!

Der Schock kam bei irgendeiner dieser Partys, die in den vorweihnachtlichen Tagen mit Betriebsfesten und Adventsfeiern ein Kaleidoskop der flüchtigen Begegnungen bilden. Ich erinnere mich, wie eine junge Frau, von vielen Gästen umringt, die Hände in die Luft hob und – auf den Papst losging! Was denn von seinem mehrtägigen Besuch in unserem Land nun wirklich »hängengeblieben sei«? fragte sie, um dann selbst die Antwort zu geben: »Außer ein paar Fernsehbildern doch nun wirklich nichts.« Ein Papst – nur für die Mattscheibe? Es traute sich niemand in der Runde, ihr zu widersprechen; dabei hatten sie alle den Pilger aus Rom gesehen, hatten sich wenigstens für die Dauer der Übertragung zutiefst anrühren lassen, besonders von jenen Szenen, da sich der Papst den vom Schicksal Geschlagenen tröstend zuwandte.

Wenn ich nun daran denke, daß die Zeitungen gerade wiederholt von alten Menschen berichtet haben, die seit Monaten – in einem Fall im Hamburg sogar seit vier Jahren! – tot und unbemerkt in ihren Wohnungen lagen, dann ahnen auch wir Wohlstandskinder, daß es vielleicht noch auf unserem Gehaltskonto, aber sicher nicht in den Herzen stimmt. Man wünscht sich, daß der Mann aus Rom durch unsere Hochhäuser geht, in denen die Eiseskälte der Anonymität eingezogen zu sein scheint.

Mich hat dieses kleine Party-Erlebnis zu der Frage geführt: Wo sind wir modernen Menschen heute überhaupt noch seelisch zu packen? Wann erheben sich unsere Gefühle? Wann erleben wir beglückend, daß wir mehr sind als nur Kollegen, Käufer oder Konsumenten?

Das Gegenteil ist vielmehr richtig: Wir sind Meister in der sekundenschnellen Begegnung geworden, Künstler im Umgang mit Kurzgefühlen – sogar die Weihnachtsstimmung hält heute nicht einmal mehr für die Brenndauer einer Kerze.

Allüberall wird die armseligmachende Nüchternheit unseres Alltags laut beklagt – und die Zyniker sind immer schnell dabei: Der Papst hat nichts »bewirkt«, die Geschenke sind für Konsumtrottel, die Weihnachtslegende steht im Buchregal, die Festtagsgrüße gibt es vorgedruckt, die Prediger in den Kirchen treffen immer seltener bei ihrer Gemeinde ins Herz, auch das ist schon lange so, »ja, es gibt Theologen, die dem lieben Gott ein Ende machen«, spöttelte so nicht schon vor mehr als hundert Jahren Heinrich Heine?

Was also bleibt uns zu wünschen? Daß wir uns endlich wieder zu unseren Gefühlen bekennen, daß wir sie dann auch offen zeigen, ja, daß wir das kleine bißchen Mut haben, es ganz laut zu sagen, was wir gut finden, zum Beispiel auch, daß der Papst durch unser Land zog und uns nachdenklich gestimmt und unsere Herzen bewegt hat . . .

In Wahrheit wählen wir immer und überall

Und dann kommt plötzlich der Augenblick, da alles Reden zu Ende geht, alles Laute und Verführerische, alles Debattieren und Reflektieren, und es wird nur noch gehandelt, wie heute – diesmal mit dem Stimmzettel. Aber das gibt es natürlich auch sonst immer wieder in unserem Leben, daß wir irgendwann erkennen: Nun muß den Worten endlich die Tat folgen.

Es sind sicher die schwersten, aber vielleicht auch die schönsten Augenblicke, in denen wir all die Gedanken, die uns so lange beschäftigten, zur Seite stellen – und handeln! Der Kuß, mit dem wir die Ehe besiegeln. Der Brief, mit dem wir einen neuen Arbeitsplatz bestätigen. Der Telefonanruf, der uns mit einem Freund versöhnt.

Und allemal gab es zuvor das Nachdenken, das ja, genau besehen, eigentlich mehr ein »Vordenken« ist: Was wird geschehen, wenn ich mich nun entscheide? Das sind die bangen, die oft bedrückenden Tage, Stunden, in denen wir denken, alles noch in die eine oder andere Richtung bewegen zu können. Aber dann reift unser Entschluß, dann stellt sich Leichtigkeit ein, dann gibt es plötzlich ein Gefühl unglaublicher Befreiung – es fallen die Würfel, wir wählen.

Wir wählen ja nicht nur heute in unserem Stammbezirk, in irgendeinem Wahllokal – wir wählen in Wahrheit ja immer und überall. Beim Arbeitsplatz. Bei der Ferienreise. Bei den Gästen, die wir in unser Haus bitten. Bei unseren Bekannten, zu denen wir fahren. (Nur bei Verwandten ist es anders: Verwandte kann man sich nicht aussuchen, das macht manches schwierig.) Wir leben in einem dauernden

Entscheidungs-Streß. Die Speisekarte unseres Lebens ist so reichhaltig, der Möglichkeiten gibt es so viele – Ferien beispielsweise in Afrika oder Norwegen, auf Mallorca oder in der Lüneburger Heide. Und weil wir trotz der Fülle uns immer nur für eines entscheiden können, geraten wir unter einen oft unerkannten, gleichwohl aber wirksamen psychologischen Druck: Haben wir wirklich richtig gewählt, hätten wir uns nicht doch anders entscheiden sollen, was wäre, wenn . . . ?

Denn nun kommt noch etwas ins Spiel, an das wir zumeist nicht denken, das wir sogar eher verdrängen möchten: die sich verflüchtigende Zeit. Wir könnten ja so vieles bewegen, erleben, genießen – würden wir uns nicht im Getto der Zeit befinden. In jungen Jahren mag es ja noch angehen, da ist Zeit verschwenderisch zu haben, »bis vierzig trägt uns das Leben«, sagt ein Dichter, »ab vierzig tragen wir es«. Dann müssen wir präziser wählen.

Und dann? Dann steuern wir auf jenen Zustand zu, den Chateaubriand, der schwermütige Franzose, so umschrieben hat: »Die Zeit hat meine Hände in die ihren genommen, es gibt nichts mehr zu pflücken in diesen verblühten Tagen.« Aber bis dahin ist der Weg weit und lang. Bis dahin haben wir allemal immer wieder an einer Wegkreuzung neu zu entscheiden, wohin wir wollen. Und solange wir nicht die Qual der Wahl fühlen, sondern die Freude an den ungeheuren Möglichkeiten, solange macht es Freude, aus der Kulisse der eigenen Gedanken auf den Jahrmarkt des Lebens hinauszutreten und fleißig mitzumischen.

Die Weihnachts-Aussteiger

Er verstünde diese Welt nicht mehr, sagte der Taxifahrer zu mir. Er sagte es am 1. Dezember, und er sagte es mit dem ganzen Erstaunen des Mannes, der Tag für Tag seine Pflicht tut – und dem das Treiben rund um sein Auto immer geisterhafter erscheint. Er verstünde nicht, daß er jetzt bereits pausenlos zum Flughafen fahren müsse, um »Weihnachtsurlauber« fortzubringen, Menschen, die die große Flucht schon vier Wochen vor dem Heiligen Abend antreten. »Es sind nicht etwa Rentner, die auf Mallorca überwintern, nein, es sind Menschen wie du und ich, auffallend viele junge Leute, die einfach nur Sonne buchen, Karibik und so.«

So wie hier in seinem Taxi stoßen sie nun allüberall aufeinander: die einen, die Weihnachten feiern »in der Tradition«, mit Baum und Bescherung, Kerzen und Kirche, Glocken und Gebet. Und dann die anderen, die sich »Weihnachts-Aussteiger« nennen, die den »Rummel« nicht mehr mitmachen wollen, keine Feiern also, keine Grüße, keine Geschenke. Die einfach sagen, daß sie mit dem Geburtstag vor fast zweitausend Jahren nichts zu tun haben. Bethlehem ist für sie auch nur eine Station auf dem Weg zur Sonne, in diesem Falle nach Eilat, dort kann man rund ums Jahr baden.

Das Weihnachtsfest hat eine dramatische Dimension bekommen, seit wir durch die Allgegenwart des Schrekkens um die Verwundbarkeit unseres Lebens zu jeder Stunde, spätestens aber zu jeder »Tagesschau« Bescheid wissen: Ja, Weihnachten ist so gefährdet wie die Welt, in der wir es feiern – oder zu feiern versuchen.

Wir müßten uns der Heiligen Nacht behutsam nähern, aber gelingt uns das? Welcher Dichter könnte heute noch ehrlicherweise sagen: »Es weihnachtet sehr«? Dafür ist alles viel zu laut, zu hastig, zu erschöpft auch. Wir drehen uns um uns selber – daß sich Schachcomputer zu einem Geschenkrenner entwickeln, werden wir später als weiteren Beweis für unseren Weg in eine beängstigende Isolation erkennen.

Wir hören von Kriegsgefahren und sind durchaus selbst gemeint. Wir denken an die Propheten der Apokalypse und versuchen um so mehr, in jeden Tag, in jeden Urlaub und eben in jedes Fest besonders viel hineinzupakken. Kinder des Wohlstandes, der Armseligkeit näher als der Armut – und am 1. Dezember schon unterwegs ...

Aber wenn wir nicht in vorweihnachtlichen Tagen das irrsinnig schnelle Schwungrad wenigstens einmal kurz anhalten, wenn wir jetzt nicht Zeugnisse unserer Liebe zueinander geben, wenn wir vor allem jetzt nicht erkennen, wer uns in unserem Leben in Wahrheit führt, wenn das alles jetzt nicht geschieht – dann nie! Dann aber wären auch diese festlichen Tage verschenkt und vertan.

EIN BISSCHEN HIMMELSBLAU

Willkommen auf dieser Welt, laß Dich bewundern, wir wollen noch einmal staunen, Du bekommst Seltenheitswert, Kinderkriegen ist nicht mehr »in«, besonders nicht hierzulande. Denn in der Bundesrepublik schrumpfte die Rate der Neugeborenen wie in keinem anderen Land! Hier will man Säuglingsgeschrei nicht mehr hören, Komfort bis in die Ohrenspitzen. Kinder sind überflüssig, gefährden nur den Aufstieg, das Zweitauto, den dritten Spülautomaten, den Ferientrip mit dem eingebauten Abenteuer, bedrohen die große Frische und Freiheit, stören bei dem Gedränge, das immer anzutreffen ist auf dem Weg nach oben, dort, wo soviel Schönes wartet: der Erfolg, die neue Möbelgarnitur, das Superbenzin, der knatternde Rasenmäher und das Durchschlafen nachts, weil da kein Baby wund in den Windeln schreit.

Ein Wunder also, daß Du da bist, ein Irrtum vielleicht, wer weiß das so genau? – Dein Vater war zuerst erschrokken, als er von Deiner Ankunft hörte, denn er hatte sofort all die Schwierigkeiten vor Augen: mit Kindergarten, Schule, Autorität, Jusos und Judos, Universitäten, Bärten, Generationskonflikten. Aber nun, da nichts mehr zu ändern ist, wird es sein wie eh und je: Die Eltern treten abends in das Kinderzimmer, und sie werden staunend an dem Bett stehen, in dem ihr Kind mit seinen Träumen liegt. Sie werden das erste Lächeln fotografieren, die ersten Schritte filmen, seinen ersten Sturz als Schmerz in ihrem eigenen Herzen spüren, sie werden bangen, wenn das Kind, irgendwo im Stadtpark, plötzlich einmal verschwunden ist, sie werden noch nie so verzweifelt auf einen Arzt gewartet haben wie in dem Augenblick, da die Fiebersäule über 41 Grad geschossen ist, natürlich an einem Wochenende, spätabends, weil Kinderfieber immer spätabends am Wochenende kommt.

Und später: Die Eltern werden schwer eine Wohnung finden, sie werden Ärger mit Nachbarn, Lehrern, Behörden bekommen, die Mark wird noch weniger wert sein, Reisen müssen ausfallen. Es wird all die Sorgen geben, die man befürchtet hatte – und doch: Es gibt da eine ganz kleine Sache, von der heutzutage nicht mehr gesprochen wird, aber wer sie besitzt, hütet sie, will sie nie missen, versteht keinen, der so hochmütig und abschätzig über Kinder spricht, genießt nur, ganz leise, eingewinkelt in seiner Familie, unbeobachtet von den Aufgeklärten, Abgeklärten, Allesbesserwissenden: die Liebe zu den Kindern und mit den Kindern.

Und er weiß: Er hat sich ein Stück Himmelsblau auf seine kleine graue Erde geholt.

Unser kleines Leben – Beifall und Pfiffe

Sprechen wir nicht von seinem Namen, aber von seinem Schicksal, weil es uns so viel zu sagen hat.

Es heißt, die Angst habe ihn seit Jahren nicht verlassen. Genauer, die Angst zu versagen, seiner Rolle nicht mehr gewachsen zu sein. Und so starb er, der Schauspieler, der vor langer Zeit im Fernsehen einen Höhenrausch erlebte, an Herzversagen, nur 52 Jahre ist er alt geworden. Der Mann mit den grauen Schläfen und dem Gesicht, das seine Verwundbarkeit verriet, hatte sich total überfordert.

Nun ist die Angst, von der wir hier hören, weit verbreitet, hat mit Film und Theater allein nichts zu tun. Denn auch der Mensch, der kein Schauspieler ist, fühlt, daß er täglich seine Rolle spielt und spielen muß: in dem großen Stück mit dem aufregenden Titel: »Unser kleines Leben«. Da gibt es wie auf der Bühne Beifall und Pfiffe – und da gibt es eine grauenhafte Teilnahmslosigkeit. Die zunehmende Unfähigkeit, zu fühlen, »eine den Kern der Person durchdringende Kälte«, wie sie der Münchner Psychiater Professor Albert Görres in uns erkannt haben will, macht beides immer schwerer: zu lieben und geliebt zu werden, Anerkennung und Sinnerfüllung zu finden.

Es stellt sich sofort die Frage nach den Gründen für diese rapide zunehmende Vereinsamung inmitten der Massengesellschaft. Verhaltensforscher erkennen dem Tier schon mehr Glücksgefühl zu als dem Menschen, weil es, ohne Gedächtnis, in dem Augenblick lebt, gleichsam in einer »dauerlosen Gegenwart«. Der Mensch aber kennt Furcht, hat in die Zukunft gerichtete Sorgen. Trotzdem müssen wir täglich auf der Bühne dieses Welttheaters un-

sere Rolle spielen. Und nicht immer sind es gute Stichworte, die uns das Schicksal zuruft. Und nicht immer meinen es die Ratgeber mit ihren neumodischen Ideologien
wirklich gut mit uns. So wußte Professor Görres aus
Amerika zu berichten, daß beispielsweise »die sexuelle Befreiung des Menschen«, die Jagd nach dem totalen Glück,
ihre Spuren längst gezeigt hat: Scharenweise sind Studen-
ten mit einem Problem therapiebedürftig geworden –
diesmal wegen »verdrängter Keuschheit«. Die Krankheiten tragen heute andere Namen und Masken, doch sie
bleiben schmerzhaft und bedrückend.

Die Gefühle, die der Fernsehstar eines Abends mit in
sein fremdes Hotelzimmer nahm, können wir also nach-
empfinden, weil auch wir, wenn auch in anderer Weise,
täglich unseren Auftritt haben. Wir kennen auch das Gefühl, das ihn nach seinem Fernsehtriumph sechs Jahre lang
plagte: vergessen zu sein, in der Kulisse zu stehen.

Und wenn wir genau hinschauen, können wir die unbestimmte Angst überall entdecken: In den Augen des
Nachbarn, den wir gleich treffen werden, wird sie sein,
und bei dem Freund und bei dem Angestellten im Nach-
barzimmer und bei der eigenen Frau und bei jedermann
auf der Bühne unseres Lebens. Aber dann kommt doch
von irgendwo Beifall. Wir lächeln wieder. Geben uns einen Ruck. Die bösen Gedanken verfliegen – wir haben
unseren nächsten Auftritt. Auch wenn es ernst ist, das
Spiel geht weiter.

III
ALLTÄGLICHES
UND
FESTLICHES

Willkommen, mein kleiner Sohn

Meine Frau sagte am frühen Morgen, daß es soweit sei. Sie nahm den kleinen schwarzen Koffer, der seit Tagen gepackt im Flur herumstand. Auf der Treppe hakte ich meine Frau unter, was ich seit Ewigkeiten nicht getan hatte. Ich fragte mich plötzlich insgeheim, ob ich sie auch gesund wiedersehen würde. Ich hatte plötzlich Angst, ich könnte meine Frau verlieren – das ist zwar alles ganz natürlich mit dem Kinderkriegen, und beim ersten Kind, dem Mädchen, ging's ja auch gut, aber wo gibt es einen Garantieschein darauf?

Aber dann verlor sich der Gedanke, weil es, während wir losfuhren, soviel Banales zu reden gab: Ob das Licht ausgedreht sei, ob ich unsere Tochter mittags aus der Schule holen würde ... ob ich ... haben wir ... müssen wir nicht ...

Herrgott, worüber reden wir Menschen eigentlich, wenn sich so Wunderbares begibt wie die bevorstehende Geburt eines Kindes! Wir Menschen finden selten die richtigen Worte, wir Männer schon gar nicht. Das, was die Frauen hören sollten – das sagen wir nicht. Wir sprechen von Rechnungen, Terminen, Alltäglichkeiten.

Nun werde ich auf den Anruf warten. Und dann gibt es die Glückwünsche, und der Sohn wird gefeiert werden ... Der Sohn? Moment mal: Der Sohn? Ja, ich wünsche mir, daß es ein Sohn wird. Eine Tochter habe ich schon, die hat mein ganzes Herz, und doch: Ich werde Platz in diesem Herzen schaffen – für den Sohn. Warum eigentlich wünsche ich mir einen Sohn? Warum wünschen wir Männer uns so sehr Söhne?

Ich habe schon oft und auch in den folgenden Stunden wieder, während meine Frau in der Klinik war, darüber nachgedacht.

Vielleicht deshalb, weil für den Mann ein Sohn eine »überschaubare Größe« ist. Er war selbst einmal ein Junge. Er weiß beispielsweise, was Pubertät für einen Jungen bedeutet. Ein junges Mädchen hingegen ist für den Mann ein geheimnisvolles Wesen. Oft sind ihm die Reaktionen seiner heranwachsenden Tochter sogar unheimlich. Ganz anders bei einem Sohn: Hier kennt er sich aus.

Für den Mann ist der Sohn der Kamerad, mit dem er toben und zum Fußballplatz gehen, mit dem er selbst wieder jung sein kann. Der Mann muß sich dabei nicht umstellen. Er bleibt, zusammen mit seinem Sohn, in seiner »männlichen Welt«. Er kann ihm imponieren. Im günstigsten Fall: Er kann ihm Vorbild sein.

Und später? Der Sohn wird ihm nicht eines Tages einen männlichen Konkurrenten bescheren, wie es die Tochter tut, wenn sie den Mann ihrer Wahl ins Haus bringt und sagt: »Darf ich dir deinen Schwiegersohn vorstellen?« Dann heißt es für den Vater der Braut, sich mit dem Jüngeren zu arrangieren. Das ist nicht immer leicht.

Für den Mann ist der Sohn Vollstrecker unerfüllter Träume. Männer möchten ihre eigenen Grenzen übersteigen. Als Napoleon nach sechsundzwanzig Minuten, die die Zangengeburt dauerte, von seinem Kammerdiener Constant die qualvoll erwartete Nachricht hörte: »Die Kaiserin hat entbunden, Sire!«, stürzte er ins Geburtszimmer, umarmte erst seine Frau, wartete dann sieben endlose Minuten, ehe das Kind den ersten Schrei tat, nahm dann den Thronerben auf seine Arme und küßte ihn auf die Stirn. Dabei, so berichtete Constant später, »leuchtete

Napoleons Gesicht vor Freude«. Er ging an das Bett seines Sohnes und drückte ihn an sein Herz. Zu Duroc, seinem Vertrauten und Freund, sagte Napoleon: »Ich beneide meinen Sohn. Der Ruhm erwartet ihn, während ich ihm erst nachlaufen mußte ... Um die Welt zu ergreifen, braucht er nur seine Arme auszustrecken.«

Die Welt zu ergreifen – das ist die Sache der Söhne. Ihr Leben ist Aktivität, Abenteuer, Zukunft. Und da alles menschliche Tun seinen Sinn erst in der Vollendung findet, ist der Sohn die große Hoffnung des Mannes auf das Morgen.

Der Anruf aus der Klinik kam mittags. Schwester Annemarie war am Apparat. »Herzlichen Glückwunsch. Ich darf Ihnen sagen, daß Sie soeben der Vater eines gesunden Sohnes geworden sind. Ihre Frau ist wohlauf.«

Ich schaue mich im Büro um. Zwei Rechnungen auf dem Schreibtisch. Eine Einladung für morgen abend. Draußen scheint die Sonne. Die Sekretärin bringt mir Zigaretten. Soll ich es schon sagen?

Jetzt müßte doch etwas Ungeheures geschehen! Der Himmel müßte sich teilen, es müßte Blumen regnen, alle Menschen draußen auf der Straße müßten stehenbleiben, den Erdenbürger eine Sekunde lang begrüßen – aber es geschieht nichts.

Ein Sohn. Ein Junge. Ein kleiner Mann! Ich werde jetzt rausgehen und es allen erzählen.

So ein Virus kann ganz heilsam sein

So ein Virus meldet sich nicht an, hält nichts von Manieren, ist plötzlich da, aus Hongkong oder von Wer-weiß-woher. Du spürst ihn in den Gliedern, willst es erst nicht glauben, nimmst einen Schluck, denn Alkohol soll dem Virus den Weg verbauen. Aber er hat sich seinen Brückenkopf schon erobert – meistens im Kopf, denn dort geht's nun mit den Schmerzen los. Man führt noch ein paar Telefonate, ordnet seinen Schreibtisch, fühlt schon in dem Augenblick, da man geht, daß man vielleicht doch nicht in ein paar Stunden zurückkehren wird. Im Auto Schüttelfrost, zu Hause Fieber, Bett, den Arzt bitte . . .

Aus der Bahn geworfen für ein paar Tage denkt man über vieles nach. Über seine eigene Wichtigkeit, und dabei kommt man nur zugleich auf die eigene Unwichtigkeit – ein zuweilen besonders heilsamer Vorgang. Über die Fehler, die man gemacht hat. Vielleicht war der Virus schon im Körper heimlicher Hausgenosse, als man griesgrämig war, als man einen Kollegen unkollegial beschimpfte, als man den Morgengruß seiner Frau nicht erwiderte.

Keine Entschuldigung, das alles – aber immerhin: So ein kleines, unter dem Elektronenmikroskop nur 0,00002 Millimeter großes Nichts kann sehr viel sein. Man ist irgendwie angeschlagen, unausgeschlafen – und damit auch irgendwie ungerecht. Und sicher unbequem und undankbar.

Ist aber das Fieber im Abklingen, hat man, was man sonst nie zu haben glaubte: Zeit zum Nachdenken und Vordenken und Überdenken. Der Mensch wird durch so einen kleinen Virus vom normalen Wege seiner Jagd durch den Alltag abgelenkt, er erkennt, daß die Gewichte sich sehr wohl auf der Waage des Lebens verschieben lassen. Die Welt ist im Krankenzimmer leiser, man kann besser in sich hineinhorchen.

Natürlich gibt es auch laute Augenblicke, in denen man die Richtung erkennt, blitzartig, und da man neue wichtige Entschlüsse faßt, beispielsweise auf der Autobahn, wenn man an einem schweren Unfall vorbeigefahren ist.

Ob draußen, ob drinnen: Die Augenblicke oder die Stunden, in denen wir den Kurs unseres Lebens korrigieren, sind die wichtigsten. Wenn auch der Körper plötzlich krank war – die Seele ist vielleicht wieder gesund geworden.

Der Sommeranzug – vom vorigen Jahr

Da hing er also doch noch, ganz hinten links im Kleiderschrank. Er hat die endlosen grauen Wintertage überlebt, er hat von Weihnachten nichts gesehen, nichts vom Fasching, nichts von vielen kleinen Festen – dafür war er zu hell, zu leicht. Er hat vielmehr voller Ungeduld auf seine Stunde gewartet, etwas zerknittert sah er schon aus. Doch nun ist das Signal gekommen, er wird mit einem kühnen, entschlossenen Griff nach vorne geholt, die unglaubliche Sonne dieser Tage macht es möglich: Die Sternstunde des leichten Sommeranzuges ist da!

Ich halte ihn, auf den Balkon gehend, prüfend in gleißendes Licht. Er sieht eigentlich noch ganz passabel aus. Meine Frau hatte zwar im vergangenen Herbst gesagt, im nächsten Sommer sei wohl ein neuer Anzug fällig, er wirke doch schon ein bißchen altersschwach, aber ich fand jetzt: Er sah wirklich doch noch ganz passabel aus. Ob sich Anzüge im Verlaufe eines Winters erholen können? Er war viel heller, als ich mich erinnerte, er war auch leichter, als er mir damals in der spanischen Hitze erschien, wo ich ihn zuletzt getragen hatte. Und er war vor allem eines: Er war da! Anzüge, die schon da sind, finde ich toll.

Ich zog ihn an und wurde sofort für eine unwandelbare Treue zu diesem alten Stück mit verlorenen Erinnerungen belohnt. Als ich in die Tasche griff, fand ich die Eintrittskarte für einen Nightclub – ein Hauch des letzten Ferientages war plötzlich da, der Wellenschlag des Meeres, die Boote im Hafen, die Sangria-Nacht, die Luft, in der sich alle Sorgen auflösten – ich glaubte sogar, die Musik von einst wieder zu hören.

Natürlich konnte ich gar nicht abwarten, in den hellen Sommeranzug aus dem Kleiderschrank, hinten links, hineinzukommen. Fabelhaft, er paßte, wie er damals paßte! Ich hatte, als ich vor den Spiegel trat, schon fast das Gefühl, im Urlaub zu sein. Kleider machen nicht Leute, Kleider machen Gefühle.

In diesem Gefühl – einer Mischung von Dankbarkeit und Wiederentdeckungsfreude – ging ich ins Nebenzimmer. Ich trat meiner Frau erwartungsvoll in dem guten alten Sommeranzug entgegen. Sie meinte, mehr beiläufig, sie konnte von den Bildern meiner Phantasie ja nichts ahnen: »Ach ja, wir müssen noch in die Stadt, wir wollen dir ja einen neuen Sommeranzug kaufen.«

Ich glaube, wenn Anzüge weinen könnten, hätte ich eine dicke Träne im Knopfloch . . .

Joggen ums Leben

So viel Schnee kann gar nicht fallen, so tief kann kein Thermometer sinken, daß sie nicht doch noch auf den einsamsten Waldwegen wie Gespenster plötzlich auftauchen und einen erschrecken: die Läufer, die man Jogger nennt.

Sie kennen keine Gnade, weder mit der Umwelt noch mit sich selber. Wie aus heiterem Himmel hören wir ein Prusten, ein Pfeifen, ein Schnaufen, und dann wissen wir auch schon, daß wieder einer um sein Leben oder um sein Glück – oder um Ich-weiß-nicht-was läuft.

Oft wird man beinahe umgerannt, denn die Herrschaften, die es so verdammt eilig haben, können die Hindernisse in Form von harmlosen Spaziergängern wohl nicht immer sicher orten.

Wenn Jogger uns von hinten überholen, sehen wir ihre angespannten verzerrten Gesichter nicht, sehen wir nur einen Schatten wie ein Ufo. Es könnte ein lebender Beweis für Dänikens These von den Außerirdischen sein.

Ganz anders ist es, wenn Jogger von vorne kommen, wenn wir in ihr Antlitz für den Bruchteil des Vorbeihuschens hineinschauen. Dann fragen wir uns bei diesem oder jenem doch, ob die Angelegenheit wirklich so gesund ist, wie die Apostel der Bewegung verkünden.

Denn was sehen wir? Wir sehen oft totale Überforderung, hervorstehende Stirnadern, einen leicht irren Blick. Hohläugig jagen sie den imaginären Zielen zu, die nur sie selber kennen. Und als medizinischer Laie denkt man: Sollte dieser Jogger nicht lieber ruhen, genüßlich auf einem Sofa ausgestreckt, ein Violinkonzert per Hausstereo im Hintergrund, dazu vor allem die Muße, die so selten geworden ist? Muß er wirklich herumflitzen, daß Gott erbarm?

Denn es scheint in die Sache, die sich so vernünftig angelassen hat, jetzt etwas hineingekommen zu sein, das man nur noch mit Fanatismus bezeichnen kann. Jogging bis zum Umfallen. Jogging bei Wind und Wetter. Jogging um seiner selbst willen!

Nun kann man nicht sagen, hier sei typisch deutscher Perfektionismus alleine im Spiel, auch die Amerikaner sind ja nach der Droge ganz verrückt und schonen sich selbst in den Autoabgasschwaden inmitten der Wolkenkratzer nicht.

Experten behaupten gar, daß Jogging um so phantastischer sei, je länger, je intensiver man laufen würde. So weit die Füße tragen — es muß so etwas wie eine neue Süchtigkeit geben. Und damit sind wir dort angelangt, wo letztlich alles seinen Ursprung hat: in unseren Seelen. Und da sieht es unheimlich aus. Denn dort ist die große Angst versteckt, daß wir Zivilisationskinder so vieles falsch machen, daß wir von der köstlichen Bequemlichkeit zu viel genascht haben. Also beginnen wir zu laufen, und zwar mit einem schlechten Gewissen als Rückenwind.

Und dann ist es bei dieser so schönen Sache wie bei vielen anderen Bereichen unseres Lebens: Bis zur Ideologie ist es nicht mehr weit. Wir laufen, weil wir nicht mehr in uns gehen können. Schon erreicht viele die Warnung der Ärzte vor Übertreibungen und ihren Folgen nicht mehr. Sie sind schon auf und davon.

Jogging ist also ein Zeitphänomen! Wenn Sokrates, der Weise, seinen Schülern zurief: Sprich, damit ich dich sehe! — dann kann man in Abwandlung heute sagen: Laufe, damit du wieder zu dir findest . . . !

LIEBESERKLÄRUNG AN MEINE ALTE BUDE

Gleich wird es soweit sein, gleich werde ich an den Strand gehen, den ich einen langen Winter nicht betreten habe, werde am Meer entlanglaufen, werde die ersten Strandkörbe sehen, werde die kleine Holzbude wiederfinden, in der ich im vergangenen Sommer meine Zeitung, Getränke, Zigaretten, Eis, Würstchen, Spielzeug gekauft habe. Ich werde der freundlichen Frau ein Hallo entgegenrufen, denn ich werde mich freuen, sie wiederzusehen. Ja, gleich beginnt für mich die Saison!

Schon habe ich den Wagen in einer Seitenstraße geparkt, schon gehe ich, mit Bademantel und Badetasche, strandwärts, irgendwie gehe ich schneller als sonst, die Verheißung eines schönen Sommers liegt schon in der Luft, auch wenn ich noch einen Pullover tragen muß – da bleibe ich plötzlich stehen! Habe ich mich geirrt? Bin ich an einer falschen Stelle gelandet?

Die kleine Holzbude ist nicht mehr da! Sie ist wie weggezaubert. An ihrer Stelle steht ein Getränkeausschank aus Stein und Beton. Neonlicht auf dem Dach. Viele Plakate ringsum. Werbung. Spiegelglatte Scheiben. Ich trete näher an diesen Steinquader heran. Innen sehe ich: Kühlschränke, Supergrill, Plexiglas, Kaffeemaschinen, technische Ungeheuer mit einem sicher ungeheuren Ausstoß.

Ich halte inne, überlege, ob ich weitergehen soll. Ist dies noch der Strand meiner Erinnerung? Ich schließe für einen Augenblick meine Augen. Ich sehe die alte, verwaschene, fast verfallene Holzbude vor mir, die hier früher stand. Ich sehe die alten Holzstühle, auf denen ich saß, um einen Imbiß einzunehmen, sehe die lange Schlange der

Kinder vor dem winzigen Schalter, hinter dem die freundliche alte Frau geduldig das Wechselgeld für Gummibären und Pfefferminz herausgab.

Mein Gott, wie ausdauernd haben wir hier gewartet! Wie genau konnten wir den Grad unserer fortschreitenden Erholung an der Geduld messen, wenn wir in der Schlange standen. Wie viele Gespräche gab es damals mit Kindern, mit Vätern – und wenn man Glück hatte, war sogar ein Flirt dabei.

Und nun? Nun gibt es gleich vier Schalter: Zwei zur Straßenseite, zwei zur Strandseite, nun wird alles ganz schnell gehen, alles ist durchrationalisiert, Eis hier, Zeitungen dort, Würstchen dort, Schleckerkram hier. Kaum noch warten! Die Würstchen immer heiß, aus solchen silbernen Kästen können nur heiße Würstchen kommen. Und die Zeitungen und Zeitschriften fein säuberlich in Regalen. Marketing, wo ist dein Sieg?

Ich schaue in den noblen Laden und suche die kleine freundliche Frau vom vergangenen Sommer. Sie ist nicht da. Zwei Mädchen sind da und ein Mann. Vermutlich Angestellte. Ich frage schüchtern und höre etwas von Verpachtung. Und dann die schnelle Frage: Was darf's denn sein?

Ich möchte sagen: Ich suche das kleine verwinkelte ungeordnet-geordnete Glück vom letzten Sommer, suche die geduldige Frau mit den Wechselpfennigen. Ich suche nicht die Automaten für die Getränke, die neben der Bude stehen. Ich suche nicht die eleganten Stahlstühle, die jetzt an den Imbißtischen stehen – ich suche die schiefen Holzstühle, die immer so schön wackelten.

Natürlich sag' ich es nicht. Ich weiß ja – ich brauche nur kurz nachzudenken, daß die alte Erfrischungsbude nicht so weiter existieren konnte, daß sie unrentabel war. Und ich werde natürlich meinen kleinen Strandbedarf hier kaufen, den ganzen Sommer lang.

Aber ein Stück Jugendzauber ist dahin, das weiß ich auch.

DER MAI BRINGT DIE KOSTBAREN TAGE

Nun sind ein paar Sommer-Träume doch mal erlaubt! Irgendwo, bald schon, am Meer liegen. Den heißen Sand durch die Finger laufen lassen. Eine Muschel aufheben, dem Kind geben. Die Welt der schönen Bilder sehen. Einen Berg besteigen und sein eigenes Herz endlich einmal wieder deutlich klopfen hören. Mit einem Bauern sprechen, der dabei schräg in den Himmel schaut, der für ihn Alltag ist. In weiter Ferne sein, ein paar Flugstunden weit, um in Wahrheit sich selber nahezukommen und herauszufinden, was für ein Mensch man wirklich ist, abseits der Rolle, die man jahrein, jahraus spielt, im Büro, beim Chef, zu Hause.

Wie Kinder, die einen Luftballon aufblasen, so dehnt sich plötzlich die Weltenkugel. Die Ferienprospekte sind die bunten Vorboten des Glücks, wir schauen schon mal nach dem Koffer, arbeiten noch in Büro und Fabrik – unsere Gedanken aber sind schon unterwegs.

Der Mai hält, mehr als jeder andere Monat, eine Lehre für uns bereit: daß unser Glücksgefühl dann am allergrößten ist, wenn das Glück selber noch nicht angekommen ist.

Der Mai ist ein Versprechen: Der Sommer liegt schon in der Luft, der Alltag scheint leichter, manchmal sind die Tage schon fast schwerelos – was werden wir bald alles erleben: Gartenfeste, Picknick, lange Abende auf dem Balkon, Bowle, sonnenbraune Haut.

Mai heißt vor allem dies: auf dem Wege zu sein, dem Ziel schon nahe, voller Pläne mit Kindern und Freunden. Mai heißt: Wir können unsere Schritte lenken, wohin wir wollen, Malente oder Mallorca, so vieles ist nun ganz nah. Die Älteren empfinden dies als Geschenk, sie kennen die Not der Beschränkungen; die Jüngeren halten es mehr mit einer beneidenswerten Selbstverständlichkeit. Hoffentlich müssen sie nicht erfahren, was wir gelernt haben: daß der Mai, nur als Monat genommen, als Jahreszeit, schon allein eine herrliche Sache ist.

Dies sind die Tage, die wir festhalten möchten, aber die Uhren laufen schneller, wenn es so schön ist.

Der Mai, nach einem Dichterwort »Mozart des Kalenders«, will erhört sein, er hat es verdient, er hat sich herausgeputzt, enttäuschen wir ihn nicht. Auch wenn wir wissen, daß der blaue Himmel kein Spiegelbild dieser kranken Erde ist.

Ich wünsche Ihnen einen guten Weg.

Was treibt uns zu der Party?

Es ist nicht wahr, daß wir Partys, Geselligkeiten, Bälle, Feste, Weihnachtsfeiern »eigentlich« nicht mögen. Daß wir nur aus Pflichtgefühl hingehen. Daß wir am Eingang schon nach dem Ausgang suchen. Daß wir bei der Begrüßung des Gastgebers schon die Entschuldigung für den frühen Aufbruch mit den Blumen abladen. Daß wir »dies Gedränge« zutiefst hassen. Daß wir vom »Smalltalk« nichts halten und ihn eigentlich auch nicht beherrschen, weil wir doch, Deutsche, die wir sind, schwerfälliger als Franzosen und tiefgründiger als Engländer erscheinen. Daß wir das alles nicht mögen, das kann mir keiner erzählen. Denn wohin man schaut in all den sonnenlosen Wintertagen, strahlt eine künstliche Sonne kerzenhell: die Partysonne!

Zugegeben: Wir sind blaß wie Pergamentpapier. Wir haben es mit dem Kreislauf. Der Dezemberstreß frißt sich in die Nächte wie Rost in unsere Autos. Wir träumen schon wieder von der Nordseefrische, der Mittelmeerbräune. Wir stehen vor dem Spiegel und denken: Warum müssen wir unsere müden Gesichter gerade jetzt spazierenführen? Aber ein Rundblick zeigt: Wir alle halten die Stellung an der Bar, auch wenn jeder die Uhrzeit an unseren müden Augen ablesen kann. Denn wir wollen doch, nicht wahr, das Leben genießen. Und leben heißt eben auch: in den Gesichtern der anderen zu erspähen, wie anderes Leben so läuft.

Es muß ein Urtrieb in uns sein: dieses Erforschen, was die anderen machen und denken. Das Geheimnis, warum Partys nicht aus der Mode kommen werden: Sie ermöglichen, daß wir Schicksale erkennen, ohne dafür den Eintrittspreis zu bezahlen – die verbindliche Anteilnahme. Denn immer, wenn es problematisch wird, wenn uns jemand mit einer Nachricht zu sehr belastet, können wir ihm sagen: »Wir sehen uns später . . .«

Nun erkennen wir schon: Partys sind kein Mittel gegen Einsamkeit, nur eines gegen Alleinsein. Hier muß man aufpassen, hier darf es keine Verwechslung geben. In einem Stück des Dramatikers Eugène Ionesco gibt es ein altes Ehepaar, das sich abmüht, seine Vergangenheit noch einmal zu beschwören. Die alten Leute geben einen Empfang, zu dem niemand kommt, sie begrüßen Gäste, die nicht zu sehen sind, die Bühne füllt sich mit leeren Stühlen. Die Erinnerung täuschte, die glanzvollen Feste hat es nie gegeben. »Und wenn die Eheleute schließlich aus dem Fenster springen«, so deutete die Schriftstellerin Simone de Beauvoir das Stück, »dann deshalb, weil ihr Leben, in dem es jeden Sinn verliert, ihnen enthüllt, daß es nie einen Sinn gehabt hat.«

Stellen wir also Stühle hin und Gläser bereit, solange die Leute kommen. Kommen wir selber. Tauchen wir unter in Fröhlichkeit, Musik und »Smalltalk«. Nehmen wir die Gesprächsfetzen als Morsezeichen anderer Schicksale, und machen wir uns im geheimen unseren ganzen Vers darauf. Denn es gibt etwas, das noch schöner ist als jede Party: Das Fazit nach einer Party – wer mit wem, warum, weshalb, wieso . . .

Die Kunst des guten Gesprächs

Nun gibt es wieder diese langen Winterabende, das Auf-
einanderzugehen, die Gespräche . . . Ein Tag, der mit einem guten Gespräch endet, kann nicht verloren sein.

Ein gutes Gespräch, da erfahren wir etwas von den
Maßstäben, die andere an ihr Leben anlegen. Der eine
praktiziert schon die Kunst der Enthaltung – »Ich fahre
jetzt einen ganz kleinen Wagen« –, der nächste ist noch
vorwärtsstürmend, auf der Suche nach Glanz und Luxus
– »Wir wollen uns jetzt endlich die Bahamas leisten«. Gespräche lassen uns schneller herausfinden, wie denn »die
anderen« das merkwürdige Ding handhaben, das sich Leben nennt, von dem Hebbel sagte: »Das Leben ist nicht
etwas; es ist immer nur die Gelegenheit zu etwas.«

Was ist das Geheimnis eines guten Gesprächs? Es ist,
zum ersten, die Vertraulichkeit. Genauer: Das Zutrauen,
ohne Bekennermut geht es nicht! Wer nicht ein Stück
Maske fallenläßt, mit der er sich durch dieses Leben bewegt – zum Selbstschutz, zur Tarnung –, der zahlt mit fal-
scher Münze. Etwas vom Menschen muß sichtbar werden
– oder das Gespräch hinterläßt keine Spur.

Ein gutes Gespräch hat nichts mit einer privaten Talk-
Show zu tun. Die Anwesenheit vieler Menschen verän-
dert die Szene: Diskutieren, plaudern, blödeln – das ist
eine Sache. Jeder kann sein eigener Kulenkampff sein.
Und dann gibt es etwas ganz anderes: das gute Gespräch.

So seltsam es klingt: Bei guten Gesprächen – in heutiger
Zeit – muß man nur sehr wenig selbst sprechen. Die gro-
teske Wahrheit ist: Zuhören genügt! »Er ist ein fabelhafter
Gesprächspartner«, sagte ein Freund von einem anderen;

ich war dabei: Der andere hatte während eines langen Abends nur zugehört, hatte selbst kaum einen Satz gesagt. Denn das ist die traurige Wahrheit inmitten unserer Welt der schnellen Kontakte: Das Einfühlungsvermögen, das sich im Zuhören zeigt, ist verkümmert. »Nun wollen wir endlich mal von Ihnen reden«, sagte der Künstler, der Egozentriker, »wie fanden Sie mich denn in meiner letzten Rolle?« Alle Wege führen zu einem selbst.

Gute Gespräche schließlich vertragen nicht die Doppelgleisigkeit der Gedanken, vor der die Ärzte so sehr warnen: daß man etwas sagt und insgeheim schon etwas anderes denkt. Das kostet Nerven, bedroht das Herz. Die Politiker beherrschen diese Kunst, sie sind auch am ehesten ihre Opfer.

Ich wünsche Ihnen heute ein gutes Gespräch. Wir bringen unsere Jahre zu wie ein Geschwätz, wir kennen dieses Wort, das uns manchmal so nachdenklich stimmt. Wenn es hieße: Das Leben geht dahin wie ein Gespräch – so wäre nichts da, was wir zu bedauern hätten.

BEIM FEIERN WIRD ES IN UNS GANZ LEISE SEIN

Schon als Kind habe ich mir immer gewünscht, einmal mit den Großen dieser Welt sprechen zu dürfen.

Ich hätte Luther auf der Wartburg besuchen mögen, vielleicht in dem Augenblick, als er das Tintenfaß an die Wand geworfen hatte.

Wie gerne wäre ich mit Goethe durch Weimar gegangen.

Und Mozart! Als er, mit fünf Jahren, sein erstes öffentliches Konzert in München gegeben hatte, wieviel hätte ich hergegeben, um dabeizusein.

Und Napoleon: ein Interview mit ihm an dem Tag – da er geschlagen aus Rußland zurückkam!

Und Beethoven, als er an seinen Sinfonien schrieb – die er später selbst kaum noch hören konnte.

Aber die Träume der Kindheit erfüllen sich nicht – und nicht einmal ein Videoband der Großen ist zu haben, höchstens ein paar Stiche, Bilder, Zeitgenössisches.

Und nun, fast vermessen, ein Sprung über zwei Jahrtausende: der Gedanke an Jesus! Ich denke nicht einmal, daß ich ihn im Garten von Gethsemane hören darf – wiewohl ich, als ich kürzlich dort stand, durchaus das übermächtige Gefühl hatte: Jede Sekunde könnte er hier erscheinen!

So biblisch sah alles aus, so wenig störte der Lärm der nahen Straße, so sehr war man in der Zeit verloren. Nein, ich frage mich etwas anderes: Wenn Jesus auf die Erde käme und uns Menschenkinder und unser oft so wahnsinniges Treiben sehen könnte – was würde er wohl zu allem heute sagen? Wie krank ist die Erde inzwischen geworden, wieviel Leid hat sie erschüttert, wie sinnlos erscheint so vieles!

Wenn wir an der Schwelle des neuen Jahres stehen, werden wir vermutlich laut feiern, mit Tanz und Feuerwerk, aber in uns wird es ganz leise sein. Denn wir haben in uns etwas, was wir so ausgeprägt schon lange nicht mehr kannten. Angst!

Angst um die Gesundheit: Die größte Furcht der Deutschen ist es, in fremde Hände zu müssen, ins Krankenhaus, ins Heim; das Vertrauen in Nächstenliebe ist nicht sehr groß. Angst um Energie: Weihnachtskerzen sind nur romantisch, wenn man in der Sekunde, da sie verlöschen, das elektrische Licht anstellen kann. Angst um den Frieden: Schon jeder fünfte Deutsche glaubt, daß es in den nächsten Jahren zum Krieg kommen wird.

Wir haben Angst – und wir haben eine ungestillte Sehnsucht. Die Sehnsucht nach etwas mehr Glanz in unserem Alltag.

Es ist, näher betrachtet, der Glanz, der sich jetzt in den Augen der Menschen rundum spiegelt: Wir denken mehr aneinander, wir schenken und schreiben, wir sind so, wie wir immer sein sollten – bis zum Neujahrsmorgen, in Bayern vielleicht gar bis zum Dreikönigstag . . .

Nur zwei Worte dazu, aus der Bergpredigt, der vielzitierten, aber auch vielgelesenen? »Selig sind die Barmherzigen, denn sie werden Barmherzigkeit erlangen. Selig sind die, die Frieden stiften, denn sie werden Gottes Kinder heißen.«

Jesus, Goethe, Beethoven – wir können mit ihnen nicht sprechen, können sie nicht befragen; aber was sie über den Menschen und seine Welt gesagt und gesungen haben, klingt weiter.

KREUZFAHRT STATT KREUZ

Wie liebe ich es, am Heiligen Abend – bevor die Dämmerung sich in Dunkelheit verwandelt – noch einmal durch die Straßen meiner Nachbarschaft zu laufen.

Ich weiß nicht, warum ich diese Augenblicke suche, die vor der Bescherung liegen. Vielleicht ist es Vorfreude, vielleicht auch nur Ablenkung von der Spannung, gleichviel, es macht Spaß, die ersten angezündeten Kerzen zu sehen. Die ganze Gegend rundum ist plötzlich wie von Zauberhand verwandelt.

Wenn ich darüber nachdenke, dann ist es wohl der »kleine Friede«, den ich in dieser Stunde so deutlich sehen und spüren kann wie an keinem anderen Tag.

Dabei geschieht nicht viel: Da beugt sich ein Mann herzlich zu seiner Frau, da öffnet ein Kind ein Paket, da wird eine alte Frau von den Enkeln ins Zimmer geholt, da ist ein festlich gedeckter Tisch. Draußen rufen ein paar Menschen einander Wünsche zu, so viel Heiterkeit gab es lange nicht. Die Autos scheinen ohne Motoren zu fahren, so leise ist es geworden. Nur Musik ist in der Luft – Glocken, Orgel und Geigen, Bach und Mozart; wenn das Christkind an der nächsten Ecke unter der Laterne warten würde, es wäre in dieser Stimmung kein Wunder.

Aber wir wissen natürlich: Es ist nur der kleine Friede, der Friede für ein, zwei Tage, der Friede, den wir aus dem Kriege kennen, wenn Geschütze schweigen und Bomben nicht fallen, weil es Heiligabend ist.

Bis wir dann – vielleicht nur durch den Zufall, daß wir einen Fernseh- oder Rundfunkapparat geschenkt bekommen haben und an den Knöpfen herumspielen – plötzlich ein paar Nachrichten von draußen hören! Dann erfahren wir sofort wieder, wo wir in Wahrheit sind: mitten auf dieser geschundenen Erde, die voll ist von Tod und Trauer und Terror.

Aber es ist ja nicht nur so, daß uns dieser große Friede fehlt! Auch der kleine Friede gerät von Jahr zu Jahr immer mehr in Bedrängnis: Weihnachten sei ein Fest der Habgier, eine Sache für Konsumtrottel, Weihnachten stehe auf dem Abstellgleis, die Züge fahren längst in eine andere Richtung.

Und da gibt es die »Weihnachtsflüchtlinge«! Das sind Menschen, die allen Verpflichtungen, die mit Nächstenliebe verbunden sind, radikal abschwören. Selbstverwirklichung heißt das Modewort. Man bucht die schicke Kreuzfahrt – das Kreuz ist längst vergessen, unter dem einst gebetet worden ist.

Aber haben wir – absichtlich oder unabsichtlich – Weihnachten umbringen können? Wir können das nicht wahrhaben. Es hat Kriege und Revolutionen, Hunger, Elend und Diktatur, ja es hat sogar die Wogen des glitzernden Konsums überstanden.

Und wohin führt der Weg? »Friede ist im Lächeln eines Kindes«, sagte vor einigen Jahren der Friedensnobelpreisträger Menachim Begin. Er sagte es in Jerusalem, zwischen Bethlehem und Nazareth gelegen, im biblischen Land, dort, wo vor zweitausend Jahren die Wiege stand, an die wir heute erinnert werden.

Denken wir, die wir als Erwachsene schon ein längeres Stück des Weges zurückgelegt haben, an dieses Kind – und an alle Kinder dieser Welt. Bringen wir in ihre Gesichter das Lächeln! Geben wir ihnen den kleinen Frieden – und wünschen wir ihnen den großen Frieden.

MEINE TOCHTER – DIE FRAU IN DEINER HAND

An diesem Tag, da Du meine Tochter zur Frau nimmst, da so viele Wünsche gesagt und gedacht werden – und vor allem wirklich gewünscht werden –, an diesem Tag möchte ich nicht von meiner Tochter sprechen, obwohl ich es als Vater eigentlich müßte. Trotzdem: An diesem Tag möchte ich von Dir sprechen und von der Frau in Deiner Hand, und von dem Entschluß eines Mannes, sich zu seiner Frau zu bekennen.

Das ist, zugegeben, ein großer Entschluß. Und da man ihn normalerweise und hoffentlich nur einmal trifft, muß man ihn richtig sehen. Er bedeutet: Ich übernehme Verantwortung. Um diese Verantwortung kann man sich eine Weile herumdrücken, man kann sie hinausschieben, man kann tausend Ausflüchte ersinnen – die Welt von heute macht es uns Männern ja leicht. Wenn ein Mädchen heute nein sagt, ist es für den, der sich das Glück scheibchenweise holt, nicht weiter tragisch: An der nächsten Ecke wartet schon eine andere. Etwas Fasching, etwas Ferienflirt, etwas Büro – irgendwo läuft immer etwas, die Welt ist kugelrund, und ein Mann in dieser Welt, die immer noch für Männer gemacht zu sein scheint, kommt immer zurecht. Warum also, da doch alles so patent auf den schnellen Konsum eingerichtet ist, auch in der Liebe – ja, auch dort! –, warum also sich für eine Hauptmahlzeit entscheiden, da es so viele Leckereien gibt? Warum soll ein Mann nicht immerzu neu wägen – warum eigentlich soll er wagen? Weil sich die Welt sonst ins Leere dreht und weil am Ende dieser vertändelten Tage sich doch die Wand der Einsamkeit erhebt.

Sicher, die schnellen Mädchen sind eine höchst vergnügliche und, wenn es die richtigen sind, eine auf den ersten Blick auch sehr beneidenswerte Angelegenheit. Ja, der Triumph des Augenblicks kann köstlich sein.

Aber von dem Glanz der Dauer ist nichts dabei, obwohl doch auch die schnellen Mädchen diesen Glanz der Dauer erhoffen und mit jeder neuen Begegnung diesen Glanz suchen. Ich beneide keinen Junggesellen. Ein Mann, der glaubt, dem Geheimnis der Frau näherzukommen, indem er viele Frauen hat, gleicht einem General, der einen Krieg an vielen Fronten führt: Er kann meist nur verlieren.

Von dieser Gefahr bist Du nicht mehr bedroht: Die Frau in Deiner Hand bringt Dich einigen Wahrheiten näher. Die Welt, in der wir leben, besteht aus einer einzigen großen Jagd nach Glück, nach Erfolg, nach Karriere, nach Freundschaft, nach Liebe, nach Genuß, nach mehr Geld, dies immer wieder – nach all den tausend Dingen, die wir so deutlich nicht nennen, sondern um die wir gerne einen Mantel legen, der alles verhüllt.

Und nun hast Du eine Frau in Deiner Verantwortung. Du kommst abends nach Hause, am Schluß einer solchen Jagd, um die Beute des Tages auszupacken. Was gut ist und was schlecht, was wertvoll und was wertlos – hier nun zeigt sich, ob es Gewicht hat oder zu leicht ist. Die Frau sagt Dir, was sie von allem hält.

Frauen können nur schwer den Tag des Mannes verändern, aber der Abend, der in die Nacht führt, bekommt unmerklich ein anderes Gesicht: Eine Frau, die schon verheiratet ist, kann Dinge sagen, die eine Frau, die noch heiraten möchte, klugerweise für sich behält.

Woran erkennt ein Mann, ob das Mädchen das richtige

ist? Hier sagt der Spanier Ortega y Gasset, der über diese Fragen lange nachgedacht hat, das Richtige: »Die echte Wahl besteht nicht darin, daß man unter vielen Wesen, die man lieben könnte, eines vorzieht; die echte Wahl besteht darin, daß man gar nicht mehr fähig ist, außer einem ganz bestimmten Wesen ein anderes zu lieben.«

Vielleicht denkst Du jetzt: »Aber das weiß ich doch alles, das braucht er mir doch nicht zu sagen, ich liebe sie doch, sonst würde ich sie nicht heiraten . . .« Höre mir trotzdem noch einen Augenblick zu. Die Liebe hat viele Geheimnisse, eines ist so erstaunlich simpel, so töricht banal, daß ich es kaum zu nennen wage, aber vielleicht kennst Du es nicht: Es besteht in der Ritterlichkeit gegenüber der Frau.

Die Liebe kann noch so großartig sein, die Liebe kann noch so tief oder so weit oder so endgültig sein – der Teufel steckt im Detail. Wenn ich meiner Frau sage, daß ich sie liebe, aber vergesse, ihr Feuer für die Zigarette zu reichen, weil ich schon so lange mit ihr verheiratet bin (und sie ja schließlich weiß, wie man ein Streichholz entzündet) – dann ist die Liebe in Frage gestellt. Ich weiß: Ritterlichkeit kann eine brüchige Liebe nicht kitten – aber fehlende Ritterlichkeit kann die beste Liebe brüchig machen.

Noch etwas anderes mußt Du bedenken: Sich zu einer Frau zu bekennen, sie in die Hand zu nehmen, heißt, in der Frau den Menschen zu lieben. Also auch seine Schwächen, seine Müdigkeit, sein Älterwerden, sein Altwerden. Zu den Falten, die vom Lachen kommen, werden sich Falten gesellen, die vom Weinen kommen: Auch diese Falten wollen geliebt sein.

Die Frau in Deiner Hand – halte sie ganz fest, auch wenn es Dir manchmal leichter erscheint, sie fallenzulassen. Verwöhne sie. Liebe sie. Sage ihr Gutes. Gebe ihr Zeit. Lasse sie nie fühlen, daß sie abhängig ist von Dir, demütige sie nicht in den kleinen Dingen des Alltags. Vergiß nach dem Kuß am Abend nicht den zärtlichen Kuß am Morgen, vor dem Weggehen. Ein schneller Händedruck. Ein Zeichen des Einverständnisses. Ein Wort des Dankes. Und so weise ist alles eingerichtet: Indem man all dieses für den geliebten Menschen getan hat, beschenkt man sich zugleich selbst. Wenn nun die Freunde kommen, die Seitenspringer, die Mädchenjäger, die Freien — Du brauchst nicht neidisch zu sein. Liebe ohne Verantwortung ist wie ein Frühlingstag, der fröhlich daherkommt, unbekümmert, mit einem Lächeln auf den Lippen, was kostet diese bunte Welt ...

Liebe in der Verantwortung ist anders: Sie ist wie ein langer warmer Sommertag, der Morgen so hell wie der Abend, das Licht ungebrochen, ein Tag, in dem man sich wiegen möchte und den man in die Nacht entläßt mit dem Gefühl: Wenn nun das Wetter umschlägt und der Herbst kommt, es ist auch recht, denn es war herrlich. Man hat den Tag gehabt und gelebt und genossen und ausgekostet.

Dies wollte ich Dir sagen. Du weißt jetzt alles, was ich weiß.

IV
UNSER LEBEN –
EINE REISE ...

DIE SEKUNDEN VOR DER ABREISE

Die Kinder sind schon im Auto, auch die Frau ist nun schon nach unten gegangen, ich bin ganz allein in der Wohnung, für nur wenige Augenblicke, dann werde ich die Tür abschließen, dann wird für zwei, drei Wochen niemand in diesen Räumen sein.

Und plötzlich überfällt mich ein seltsames Gefühl. Es ist kein Abschiedsschmerz. Es ist auch keinerlei Gedanke daran, daß vielleicht Fremde in die Wohnung kommen, sie ausräumen könnten. Es ist überhaupt nichts Materielles, obwohl auch dies zu bedenken wäre. Es ist etwas ganz anderes: Es ist – am Fuß der Seele, wenn ich das so sagen darf – die ganz einfache Frage, ob man diese Wohnung wieder so glücklich betreten wird, wie man sie jetzt verläßt. Denn dazwischen liegt ja die Reise, liegt das bißchen Abenteuer, das man heute Urlaub nennt, liegen Flüge, Autokurven, liegen Unwägbarkeiten, Krankheiten in der Fremde etwa – wer verspricht uns denn, daß immer alles glattgeht?

Ich denke daran, wie uns heute abend, spät, zumute sein wird, wenn wir nach langer Reise in einem unbekannten Ort in einem fremden Hotel in einem anonymen Zimmer gelandet sein werden. Diese Augenblicke der Ankunft sind doch gar nicht so leicht. Man selbst ist blaß – in dem meist zu grell erleuchteten Speisesaal sitzen die anderen, die Ausgeruhten, die Braunen, sie blicken zwischen ihrem Gelächter kurz auf, wenn man selbst erschöpft seinen Tisch sucht, ehe sie uns dahinziehen lassen, zu einem Ober, der überfordert scheint wie man selbst.

Und für diesen kargen Empfang diese weite Reise!?

Aber noch bin ich ja in unserer Wohnung, noch gehe ich durch mein Zimmer, prüfe, ob alle Fenster geschlossen sind, ob die elektrischen Geräte ausgeschaltet wurden. Wie lieblos sie jetzt ausschaut, diese total aufgeräumte Wohnung! Woran mag das liegen? Nur an den Blumen, die nun fehlen, die dem Nachbarn zur Pflege gegeben wurden? Oder hat es damit zu tun, daß alle Dinge, die sonst herumliegen, nun in Schubfächern versteckt sind, daß alles kühle Ordnung hat – und daß Ordnung, in solcher Perfektion, der Wohnung den Zauber nimmt?

Ich weiß es nicht, ich spüre es nur: Dies könnte auch schon die Wohnung eines anderen sein. Sogar in dem Kinderzimmer sitzen die Puppen und Teddybären aufgereiht auf einem Bord, alles Leben scheint verschwunden, das in diesen Puppen bis gestern war, ich schwöre es.

Plötzlich erschrecke ich: Das Telefon klingelt. Eigentlich bin ich ja schon nicht mehr hier, ich sollte den Hörer nicht mehr abnehmen, vielleicht kommt eine unangenehme Botschaft, die sogar die Reise gefährdet, eine Sache, die alle Pläne durcheinanderwirbelt, besser also: nicht abnehmen. Wie in einem Kriminalfilm schrillt der Apparat, ungezogen laut, ich gehe auf den Flur, zögere, gehe ins Zimmer zurück – plötzlich hört der schrille Ton auf. Hätte ich mich doch melden müssen?

Ich weiß nun, wo ich bin: in einem großen Niemandsland. Auf der einen Seite: der Alltag, das Telefon, die Verabredung, die Termine, die Freunde, die Tageszeitung, der Weg um den Block, die Hausmeisterin, die in wenigen Minuten meinen Schlüssel bekommen wird. Und auf der anderen Seite: das Farbfoto eines fremden Hauses in einer fremden Welt, entnommen dem Ferienprospekt, Doppelzimmer zur Seeseite, Halbpension. Alles Dinge, die man nicht kennt, die gut sein können und auch nicht gut, Abenteuer in der Westentasche, das Kleingeld der Spannung, was dieses Leben zu bieten hat, wenn man auf Reisen geht.

Die Wohnung, die ich nun schnell verlasse, ist in trauriges Halbdunkel getaucht, die Rollos sind heruntergelassen. Wenn mir nun einer sagen würde, dies sei alles nicht mehr mein, ich würde es ihm glauben.

Als ich kurze Zeit später zu meiner Frau ins Auto steige, fragt sie, leicht ungeduldig, was ich denn noch so lange in der Wohnung gemacht, ob etwas nicht gestimmt habe. Ich sagte nur fast beiläufig: »Es war nichts Besonderes, wirklich, es war nichts Besonderes.« Und dann fahren wir los.

Gesucht wird Herr XY aus ...

Nun sind wir schon ein paar Stunden unterwegs – südwärts. Aus dem Autoradio kommen Meldungen wie von der Front: Rettungshubschrauber, Unfälle, Umleitungen, Grenzkontrollen, kaum ein Schlager wird zu Ende gespielt, weil immer neue Durchsagen nötig sind – alles für die Heerscharen, die sich irgendwo in den Alpen begegnen: die Blassen aus dem Norden, die Braunen aus dem Süden.

Und dann gibt es plötzlich auch noch dies: den Reiseruf! Die Musik wird abgelöst durch eine Stimme, die nichts Gutes verheißt: »Gesucht wird Herr XY aus Düsseldorf, unterwegs mit einem blauen Volkswagen, amtliches Kennzeichen ... Herr XY wird gebeten, sofort zu Hause anzurufen«.

Gott sei Dank, man war also nicht selbst gemeint, ein anderer wird gesucht, ein Herr XY, den man nicht kennt und der in einem Auto unterwegs ist, das man nirgendwo sieht, aber wir wissen: Er ist in den Süden unterwegs wie wir, und dann kommt plötzlich ein Reiseruf. Jeder Reiseruf zeigt uns die Zerbrechlichkeit des Glücks.

Auch wenn wir selbst nicht betroffen sind, so spüren wir doch bei diesen Durchsagen, und es sind so viele in diesen Tagen: Es gibt heute nicht nur die »Urlaubsfront«, durch die wir alle hindurchmüssen, mit Unfällen und Wartezeiten über viele Stunden – auch an der »Heimatfront« brauchen wir Ruhe, wenn alles mit dem Urlaub glattgehen soll.

Unwillkürlich fragen wir uns, während wir mit über hundert Stundenkilometern gen Süden rasen, was dem

Herrn XY aus Düsseldorf wohl zugestoßen sein mag: Ist sein Kind verunglückt? Muß er sich um seine Eltern sorgen? Ist sein Haus abgebrannt? Reiseruf – das verheißt Schreckliches.

Reiserufe sind erfunden für eine »Unterwegs-Gesellschaft«, die sich mit Hilfe der Technik ausklinken möchte – und die doch immer wieder, ebenfalls mit Hilfe der Technik, eingeholt wird. Auf kurzen und ganz kurzen Wellen . . .

Und plötzlich fahren wir unmerklich immer schneller, wir denken nicht weiter darüber nach, aber insgeheim spüren wir, wir möchten ganz schnell das Sendegebiet verlassen, wo solche Nachrichten uns theoretisch noch erreichen können. Und dann plötzlich die Freude: Wir hören fremde Stimmen, einen ausländischen Sender. Geschafft! Kein Reiseruf wird uns hier erreichen und die Ferienträume zerreißen, auf die wir Anspruch zu haben glauben . . .

KUNST IN VENEDIG – GNADE UNS GOTT!

Für ein paar Stunden in Venedig, zu Besuch bei der Königin der Städte. Das Fest für Augen und Seele findet dort täglich statt. Soviel Harmonie in den Bauten und in den Gesichtern der Gäste aus aller Welt habe ich schon lange nicht mehr gesehen – bis ich dann einen Fehler machte.

Ich besuchte eine Ausstellung moderner Kunst! Und so kam ich für 1500 Lire Eintritt vom Paradies direkt in die Hölle.

Denn was hier, in sechzehn Pavillons, gezeigt wurde, das war auf Vernichtung angelegt. Ich sah in rotbesudelte Fratzen, ich sah gemalte, fotografierte aufgedunsene Gestalten zuhauf, leidend: Ich sah quer aufeinandergelegte Holzstämme – sie selbst schon sollten das Kunstwerk sein; ich sah, unter Glas gerahmt, Kot in Würfelform. Genug. Genug.

Wenn es stimmt, daß sich in der Kunst auch immer – gleichsam vorausfühlend – die Zukunft ankündigt (so wie die Beatles-Musik die unruhigen siebziger Jahre signalisierte), dann gnade uns Gott!

Trostloser noch als die quälend beleidigenden Bilder und Skulpturen war der Gesichtsausdruck bei den Besuchern: Selbst junge progressive Jeans-Menschen hatten den verzweifelten Blick des Nichtverstehens.

Bis dann für mich, zehn Minuten später, der große Kontrast kam: auf dem weltberühmten Markusplatz. Hier stimmte alles wieder. Höhe, Länge, Weite. Der Dogenpalast, die Markuskirche, alles war da wie in der Erinnerung – nur viel schöner. Und in der Luft Musik. Mozart. Strauß. Geigen. Love Story. Und die Menschen, die aus

London, Berlin, Tokio und Memphis kommen, halten plötzlich einander die Hände, bleiben verliebt stehen — hier spätestens würden sie beten, wenn sie es nicht verlernt hätten.

Ein Freund, ein gehetzter Manager, erklärte mir das Geheimnis seiner Liebe zu dieser Lagunenstadt: Wenn er als moderner Mensch auf das Motorboot auch nicht mehr verzichten könne, so möchte er doch die Gondel keinesfalls missen.

Motorboote und Gondeln — liegt dazwischen nicht sozusagen symbolisch unser ganzes Leben? Spätestens hier erkennt man, wie tief die Sehnsucht der herumjagenden Menschen nach Harmonie, Schönheit und Liebe ist. Ob aber die Kunst unserer Zeit, die zumeist darauf aus ist, den Menschen nicht zu erfreuen, sondern zu quälen, wie der berühmte Martin Held es neulich sagte — ob diese Kunst also, diese blutigen Fratzen und quergelegten Baumstämme, unsere Enkel je erreichen wird? Ich weiß es nicht, ich glaube es nicht, ich hoffe es nicht. Ich denke, sie werden auch lieber nach Venedig reisen.

DER SCHNEE, DER UNSERE HERZEN WÄRMT

Nicht wahr, das haben wir doch eigentlich nie so recht verstanden, wenn unsere Eltern uns aus den Nachkriegsjahren erzählten, wie armselig es bei ihnen zuging – und wie sehr sie doch trotz aller äußeren Schwierigkeiten mehr Nächstenliebe kannten als heute. »Damals, als wir noch Hunger leiden mußten, waren die Menschen herzlicher.« Wir hörten ihre Geschichten an, aber wir glaubten sie nicht. Wir dachten, die Erinnerung verklärt.

Und nun erleben wir inmitten einer Schneekatastrophe, die Schlagzeilen machte, plötzlich selber Tage, in denen sich das Wunder einer Verwandlung zeigt. In denen die Menschen, die sonst auf den genormten Rennbahnen ihren eigenen kleinen und größeren Erfolgen nachjagen, plötzlich zum Stehen gebracht werden. Und zwar stehen sie vor einer Schneeverwehung! So simpel sind die Dinge manchmal im Leben eingerichtet, daß eine Schneeverwehung schafft, was auf andere Weise, zum Beispiel beim Lesen kluger Bücher, nicht zu erreichen war: nachdenklich zu werden, hilfsbereit zu werden, ja: mitmenschlicher zu werden.

Denn das ist die übereinstimmende Beobachtung aller, die den großen Schnee erlebten: daß wir uns wieder mehr umeinander kümmern. Sogar in einer Stadt wie Hamburg, in der doch Einzeltische bevorzugt sind, gab es plötzlich Tuchfühlung. Blieb irgendwo ein Auto stecken, sofort waren Helfer da. War in überfüllten Verkehrsmitteln kein Platz, so wurde zusammengerückt »wie in Tokio«, und alle sagen: Man war lange nicht so nett zueinander.

Nun wissen wir natürlich, daß der Mensch, dieses unbekannte Wesen, immer für manche Ungereimtheit gut ist. Man sollte annehmen, daß im Komfort, den wir doch haben, die Menschen leichter zueinanderfinden. Aber gerade das ist nicht der Fall. Im normalen Alltag haben wir unser Schachteldenken, führt unser eigenes Leben oft in die Isolation, sehen wir nur unsere eigenen Ziele, und die sind von den Zielen des Nachbarn weit entfernt.

Aber dann kommt plötzlich, wie eine Faust vom Himmel, die Schneekatastrophe. Die Kälte fährt in unsere Glieder. Unser vielfältiges buntes Leben wird auf das Wesentliche zurückgeführt: auf das Überstehen, manchmal sogar auf das Überleben. Und wir erkennen im Nächsten, daß er im Grunde so ist wie wir selbst.

Stoßen wir doch etwas tiefer in das Problem vor, so entdecken wir etwas ganz Verblüffendes: Das Gefühl der Nächstenliebe hat vor allem etwas mit der Abwesenheit von Neid zu tun. Der Neid auf andere, der sonst – manchmal durchaus auch positiv – unser Leben gestaltet, ist nun bedeutungslos. Wir stehen für Stunden, für Tage unter einem Ausnahmegesetz. Eine Notsituation. Ein übergeordnetes Schicksal. Wir sind vor diesem Schicksal alle gleich, der Lehrling, die Hausfrau, der Schüler, der Lehrer, die Verkäuferin, das Mannequin. Zugespitzt kann man sagen: Erst wenn auch der Chef bei Glätte ins Rutschen kommt, stimmt die Richtung.

Irgendwann geht dann diese Ausnahmesituation zu Ende, sind wir alle wieder ganz normal. Und das heißt dann leider: ein bißchen weniger freundlich, hilfsbereit, nett. Dann greifen wir uns weniger oft unter die Arme, dann stellen wir wieder mehr einander die Beine. Schade, daß meistens nur dann, wenn es uns schlecht geht, der Mensch so gut ist. Die Kälte brachte es an den Tag!

SOMMERGLÜCK IN LEEREN STÄDTEN

Nun gehen wir so leicht wie selten durch die Straßen unserer Stadt – und alles gehört uns. Die Parkplätze sind leergefegt wie von Geisterhand. In den Geschäften sind die Menschen von nie erlebter Duldsamkeit, sogar Verkäuferinnen lächeln wieder. Kaum Gedränge, Geschiebe, Eile. In den Cafés, in den Parkanlagen: überall ist Platz und Weite. Und wann immer wir an eine Kreuzung fahren, die Ampel springt rechtzeitig auf Grün, so leer war es schon lange nicht mehr.

Ja, es ist ein Glück, jetzt in den Städten zu sein. Die Ferienzeit hat die Menschen herausgeholt, sie sind an der See, im Gebirge, im Ausland, vielleicht in anderen Städten, aber sie sind nicht hier. Sie haben Zeitungen abbestellt, Rollos geschlossen, sie glauben, sie hätten den ganzen Streß hinter sich gelassen, aber seltsam: Der Streß hat sich verflüchtigt, seit sie davongefahren sind.

Denn nun geht plötzlich alles viel schneller, es gibt weniger Reibungen, Gewarte; wir, die wir daheim geblieben sind, flanieren durch Ladenstraßen wie auf einer Kurpromenade. In den Straßenschluchten hält sich die Hitze noch, wie ein gefangenes Tier. Aber fahren wir abends schnell an den Stadtrand, spüren wir den Wind in den Bäumen, und das goldgelbe Licht, das wir bei der Heimfahrt über den Kirchenkuppeln sehen, ist von unwirklicher Schönheit – das soll ein Ferienort unserer Stadt erst einmal nachmachen!

Wir spüren natürlich noch Autolärm, hören quietschende Taxis, auch den Preßlufthammer um die Ecke, wir sehen Rauchwolken im blauen Himmel, aber alles ist nicht so bedrückend, so beklemmend, und das spiegelt sich in uns wider: Wir haben mehr Zeit füreinander. Weil um uns herum so viele verreist sind, genießen wir ein neues Lebensgefühl: Wer nicht am Tegernsee sein kann, weil er in Duisburg zu tun hat, gewinnt Abstand. Und wir ersteigen einen Gipfel der Erstaunlichkeit: Obwohl viele von uns sogar mehr zu tun haben als sonst, fällt uns vieles leichter, geht vieles besser von der Hand.

Und wenn dann die Postkarten der Urlauber kommen – »Hier ist es himmlisch ruhig« –, dann lächeln wir. Und nur in wenigen Augenblicken, vielleicht beim Anblick eines Prospektes, denken wir, daß der Blick aufs Meer vielleicht doch noch schöner sein könnte als auf die dunklen Fenster rundum in der Nachbarschaft. Aber das stört nicht ernstlich unser Spiel, auch wir beabsichtigen nicht, den Sommer draußen vor der Tür stehenzulassen.

Wenn wir, die Heimgebliebenen, ganz ehrlich sind, dann müssen wir sagen: So könnte es eigentlich bleiben! Ein bißchen hitzefrei. Ein bißchen mehr Lässigkeit – und Schnelligkeit. Der offene Kragen – aber dafür schnellere Entscheidungen und Wege. Denn da gibt es eine Kraft, ein stilles Einverständnis, fast eine Verschwörung: zu arbeiten und zu genießen. Diese Doppelbegabung ist selten, bei uns Deutschen allemal.

Aber wir spüren etwas davon im Sonnensommer. Aber leider wissen wir auch, daß es nicht so bleiben wird in unserer Stadt: Schon bald kehren die gebräunten Menschen zurück, tatendurstig – und all unsere Ruhe wird verfliegen wie ein Traum.

ALLES, ALLES FÜR DIE FERIEN?

Nun nahen sie wieder, die schwankenden, gebräunten Gestalten in den unverschämt bunten Prospekten und Plakaten der Ferienmacher. Im Bikini und unter Sonne, das Gin-Tonic-Glas lässig in der Hand – so verführen sie unsere Träume, greifen schon den Sommer voraus. Die kostbarsten Wochen des Jahres rücken immer näher, also gilt es, zu rennen, zu buchen, dabeizusein, wenn von der Torte des Lebens all die Stücke verteilt werden, in denen angeblich die ganz dicken Rosinen stecken.

Und während ich noch die vielfältigen Inserate studiere, springt mich eine Zeile, eine Schlagzeile, unübersehbar groß an: »War Ihr letzter Urlaub ein Jahr Arbeit wert?« Hoppla, denke ich, lasse die Zeitung erst einmal sinken, schließe die Augen, rufe den Vorjahresurlaub zurück, weiß auch schon, daß es da am Strand zuviel Gedränge gab, daß der Frühstückskellner immer so mißmutig war, daß die Sache mit dem fabelhaften Prospektwetter in Wirklichkeit auch nicht stimmte: Der Süden hält eben nicht immer, was man sich im Norden von ihm verspricht. Es war eigentlich wie sonst auch: In den Ferien steckten – wie im Leben – ein paar Webfehler drin.

Aber auf die Idee – auf diese seltsame Idee –, die Ferien in eine Beziehung zu setzen zu einem langen Jahr Arbeit, auf diese Idee haben mich erst die Werbemenschen des Touristikunternehmens gebracht, das dem Kunden am Ende des Textes verspricht: »Legen Sie sich unter Palmen, und tun Sie etwas, was Sie schon lange nicht mehr getan haben: nichts. Lernen Sie das Leben kennen, von dem Sie träumen.«

Nun würde es sich nicht lohnen, über die Frage, ob der Urlaub wirklich ein Jahr Arbeit wert gewesen ist, länger zu philosophieren, wenn sie nicht zu dem modischen Zug der Zeit so sehr passen würde: Arbeit und Leistung zu verteufeln.

Kein Wort davon, daß Arbeit ein Wert in sich ist! Und daß nicht nur die Arbeitslosen ein Lied davon singen können, sondern jeder, der das Glück hat, am richtigen Platz das Richtige zu tun, unbeirrt von den Dauernörglern, die vom »Leistungsdruck« reden, um das System unserer sozialen Marktwirtschaft, die weltweite Anerkennung findet, kaputtzumachen. Wer die Schlaraffenland-Idylle besingt, unterschlägt, wieviel Trostlosigkeit, Armut und Sinnlosigkeit sich einstellt, würde man die Arbeit aus unserem Leben herausnehmen – und aus unserem Alltag. Und wir haben ja die Sonntage (und die Samstage) und die immer längeren Ferien!

Nur: Der Urlaub müßte erst noch erfunden werden – und er wird natürlich von niemandem angeboten! –, der ein langes Jahr Mühsal und gewiß auch manche ungeliebte Arbeit aufwiegen könnte! Das heißt wirklich, Birnen und Äpfel vergleichen. Ich wünsche Ihnen, daß Sie beides haben: Freude an der Arbeit – und Spaß am Urlaub!

KEIN TAG LÄSST SICH WIEDERHOLEN

Geht es Ihnen auch so, daß Sie ein Stück Ihres Lebens auf einen bestimmten Tag ausrichten? Auf den nächsten Ersten, auf Ihren Geburtstag, auf den ersten Ferientag – und daß Sie von diesem Tag die Veränderung erwarten, die Ihnen noch nicht möglich erscheint, weil Sie heute noch zu angespannt sind – oder zu abgespannt?

Wenn ich erst mal achtzehn bin, dann wird alles anders – wie oft habe ich bei jungen Leuten diese Verheißung gehört. Und dann kommt dieser Tag – und es wird soviel nicht passieren, vor allem nichts Wesentliches, weil das Wesentliche sich nicht an den Kalender hält. Das Schicksal hat seinen eigenen Fahrplan.

Was ich in vielen Gesprächen herausgefunden habe, ist dies: Es entwickelt sich ein seltsam gespanntes Verhältnis des überforderten Menschen zur dahinrasenden Zeit.

Sogar die jungen Leute müssen ein schärferes Tempo vorlegen: Ein Achtzehnjähriger gehört nicht nur in mancher Diskothek schon zum alten Eisen. Die verschwenderische Fülle an Zeit, die früher die Jugend auf dem Konto hatte, ist entwertet wie so vieles. Mit achtzehn kann man schon »out« sein. Heute muß man immer sofort alle Freuden und Vorteile genießen, so anstrengend das auch sein mag.

Spüren wir nicht alle diese Beschleunigung, mit der unser Leben dahineilt? Morgen erreicht die Sonne schon wieder den höchsten Stand des Jahres, die Nächte werden wieder länger. Da klammern wir uns an irgendwelche Tage – Festtage zumeist –, an die wir Hoffnung knüpfen: einmal aussteigen aus dem rasenden Zug der Zivilisation,

einmal wieder träumen, zu sich selber finden, Bücher lesen, Briefe schreiben, vielleicht eine Sinfonie hören – warum das nicht?

Meine Tochter, beispielsweise, hat heute Geburtstag.
Ein herrlicher Tag – doch auch sie ist schon alt genug, zu
wissen, daß sie diesen Tag nie wiederholen kann. In jedem
Tag, wichtig oder unwichtig, steckt etwas von diesem Ab-
schiednehmen. Es wird uns Erden-Kindern wirklich
nichts geschenkt!

Wie wenig wir brauchen, um glücklich zu sein

Wir alle kennen diese Augenblicke, wir erleben sie irgendwann, sie kommen unangemeldet, sie sind in keinem Reiseprospekt beschrieben – aber dann sind sie plötzlich da! Jetzt müßte man die Zeiger der Uhr anhalten, dieser Tag dürfte sich nicht neigen, das Lachen nicht verwehen, die Gedanken müßten jetzt das Rätsel unseres eigenen kleinen Lebens lösen.

Wir sitzen in irgendeiner Bucht am Meer, Sand rinnt durch die Finger, keine Menschenseele weit und breit. Wir spüren auf eine wundersame Weise unsere Existenz: Wie wenig brauchen wir doch eigentlich, um wirklich glücklich zu sein!?

Mir ist es so gegangen, vor wenigen Wochen, am Strand von Lindos, nahe Rhodos, die Ruinen des Tempels der Athena Lindia, der Göttin der Weisheit, über mir und ein Meer vor meinen Augen, in dem sich ein offener »himmlischer Himmel« spiegelte, wenn ich das einmal so sagen darf. In Griechenland glaubt man, daß der liebe Gott hier immer direkt herunterschaut.

Sofort kommt das Gefühl: Hier müßte man bleiben! Ich schaue auf Steine, die der Apostel Paulus betreten hat, als er vor zweitausend Jahren hier an Land ging. Wenn er heute wieder hierherkäme, er würde sich kaum wundern, wenn er nur Himmel, Meer und Bäume sähe – so unberührt wirkt alles. Aber was geschähe, wenn er nur ein Stück weiter ginge zu den Stränden und sehen müßte, was wir Menschen mit dieser Erde im allgemeinen und wir Touristen im besonderen angerichtet haben?

Und dann kommt plötzlich das andere Gefühl: Morgen

um diese Zeit werde ich wieder in Deutschland sein. Und genau 24 Stunden nach der griechischen Verzauberung saß ich ernüchtert vor dem Fernseher, und ich sah die gewohnten deprimierenden Bilder: Konferenzen, Streiks, Bomben, Demonstrationen, Hausbesetzungen – Signale einer kranken Welt.

Und ich dachte daran, wie wenig man brauchte, um glücklich zu sein, gestern noch in der stillen Bucht unter dem himmlischen Himmel. Und dann fiel mir ein, daß dieses einfache Märchen ja gar nicht stimmt: Ich dachte an die freundliche Dame im Reisebüro, die täglich acht Stunden Nervenkrieg mit hochgespannten Urlauberwünschen führt, an Stewardessen, die noch zweimal am Tag in vollgepackten Maschinen über Europa gejagt wurden, an Piloten, die präzise arbeiten müssen und keine Sekunde träumen können, an den Leihwagenvermieter, der Überstunden macht, an Taxifahrer, Kellner, Zimmermädchen, Köche, an all die vielen, die im Hintergrund arbeiten, oft rund um die Uhr, damit die Touristenströme, die Kreuzzüge der Zivilisationsmüden, möglichst sicher quer durch die Welt kommen.

Ich habe mal schnell zusammengerechnet, und ich kam allein auf mindestens fünfzig Menschen, die gearbeitet haben, damit ich diese eine überirdisch schöne Stunde an griechischen Gestaden verbringen konnte.

Ihnen allen möchte ich danken: Ich werde nie mehr fragen: Wie wenig brauchen wir eigentlich, um glücklich zu sein? Ich werde sagen: Was ist an Mühen nötig, damit einmal das Wunder eintritt, das ich erlebte, als ich glaubte, Gott schaue direkt auf meine kleine Bucht, dicht neben der Stelle, wo er den Apostel an Land gehen ließ ...

Ja, was ist alles nötig, damit wir Schönheit sehen ...

EINMAL ROM UND ZURÜCK

Wir beginnen mit Rom und Goethe, aber wenn Sie weiterlesen, werden Sie merken, daß wir von Ihnen und Ihrer Seele sprechen.

Wir machen nur einen kleinen Umweg im Düsenzeitalter, kein Problem, weitaus geringer, als es der Dichterfürst aus Weimar bei seiner Italienreise antraf, wo er 1786 notierte: »An diesen Ort knüpft sich die ganze Geschichte der Welt an; und ich zählte einen zweiten Geburtstag, eine wahre Wiedergeburt von dem Tage, da ich Rom betrat.«

Nun hat natürlich nicht jeder dieses Erstaunen, dieses hochgestimmte Gefühl bei der ersten Begegnung mit Großem, Erhabenem – natürlich auch nicht diese Unbefangenheit. Von Sigmund Freud, dem Analytiker der Seele, wissen wir, daß er diese Begegnung mit Rom sogar scheute, daß er umkehrte, sobald er sich auf seinen Reisen in den Süden der Ewigen Stadt näherte.

Und auch C. G. Jung, der andere große Psychiater, fühlte sich der Stadt »einfach nicht gewachsen«. Als er im hohen Alter das Versäumnis doch noch nachholen wollte, erlitt er beim Kauf der Fahrkarten (!) eine Ohnmacht. »Danach wurde der Plan einer Romfahrt ein für allemal ad acta gelegt.«

Der Schritt aus dem Raum der Wissenschaft, in dem sich diese Männer zu Hause fühlten, in den religiösen und geschichtlichen Raum, den sie in Rom vorgefunden hätten – dieser Schritt war ihnen zuviel!

Was uns, die Kinder des glückverheißenden Massentourismus, angeht, so haben wir es – scheinbar – leichter. Wir buchen die Zwischenlandung Rom schneller. Wir durcheilen mit Blitzlicht Pantheon und Vatikan, den Reiseführer zu Kirchen und Nachtlokalen in der Tasche – und die D-Mark locker im Griff. Wir haben die – scheinbar beneidenswerte – Lässigkeit des Nichtwissenden. Der Witz, daß ein Herumirrender in den Gemächern des Vatikans endlich auf Menschen trifft und sie fragt: »Wo ist denn hier die Laokoon-Gruppe?«, um die Antwort zu bekommen: »Das können wir auch nicht sagen, wir gehören zur Scharnow-Gruppe!« – dieser Witz ist eigentlich kein Witz.

Wir sind, um deutlicher zu werden, in dem Dauerstreß gefangen, der Frage nach dem Sinn unserer Reisen auszuweichen. Wir wollen die schrankenlose Freiheit, den totalen Genuß, wir praktizieren hemmungslos in den westlichen Ländern einen »Lebensstil der Habsucht«, der nach Meinung des Erzbischofs von Wien, Franz Kardinal König, zur Katastrophe führen muß, »wenn wir nicht weltweit und auch persönlich wieder den Mut haben zur ehrlichen Diskussion über die Frage: Wozu lebe ich?«

Wir müssen wieder fragen »nach dem Ewigen, nach Gut und Böse, nach Schuld und Gewissen. An uns wird es liegen«, so sagt der Kardinal, »ob wir aus innerem Antrieb den Geist der Liebe, der Wahrheit, des Opfers begreifen oder ob erst eine Sintflut von Tränen und Blut notwendig ist, durch die wir den bisherigen Weg als verkehrt erkennen.«

So wie die Zeichen heute stehen, sieht es nach Sintflut aus, wenn uns nicht das Wunder jener Wiedergeburt geschieht, von der Goethe vor knapp zweihundert Jahren berichtete. Rom ist auch nur ein Beispiel dafür, daß es gilt, den Kopf hin und wieder aus dem Alltag zu erheben und nach dem Wohin und Wozu zu fragen.

Warum ich mit meiner Frau so gern allein verreise

Allein verreisen – auch als Mann! –, was ist das in Wahrheit schon? Das heißt doch: in eine fremde Stadt hinein-
fahren, an Pärchen vorbei, dort halten, wo ein bestelltes
Zimmer wartet, ein Bett, ein Handtuch, vielleicht ein
Stück Seife – ganz klein, von der Werbung »mit Grüßen
der Hoteldirektion« verschenkt –, den Koffer hinstellen,
das Fenster aufreißen, damit Luft hereinkommt, dem Boy
ein Trinkgeld geben, er verschwindet. Und dann stehst du
allein in dem Raum, der dir nur für Stunden gehört.

Vielleicht ist auf dem Nachttisch ein Telefon, dann
kannst du telefonieren, irgendeine Adresse hast du mit auf
den Weg genommen; irgendeinen Freund, einen Bekannten, einen Verwandten, etwas Geschäftliches gibt es immer – »Ja, ich bin eben gekommen, nein allein, meine Frau
ist zu Hause, die Kinder, wann also sehen wir uns? Um
sieben, gut . . .«

Und dann ziehst du das Hemd aus, das von der Reise
nicht mehr knitterfrei ist, und ein neues Hemd an, du
trittst vor den Spiegel: die Augen etwas müde, die Fahrt
war lang und dann – gib doch schon zu, was du denkst,
und das ist doch nur dies: Wäre sie doch jetzt hier!

Dann nämlich würde deine Frau, während du das
Hemd wechselst, ein neues Kleid überziehen, aber in der
Sekunde davor würdest du ganz schnell auf sie zutreten
und ihr einen Kuß hinter das Ohrläppchen geben, auch
am Fenster – und wenn schon! – mein Gott, niemand sieht
es hier, in dieser fremden Stadt, in der dich keiner kennt,
in der du ein Niemand bist, ein Zugereister, einer auf dem
Weg, einer, der seine Nase in dieses fremde Leben hinein-

steckt, ein Flüchtiger – ein Reisender eben. Sie würde dich
bitten, den Reißverschluß hochzuziehen . . .

Hotelzimmer, die Einzelzimmer sind – und sei es in den
feinsten Häusern –, haben immer etwas Ärmliches an
sich. Ich meine nicht den Komfort. Ich meine nicht die
Matratzen. Ich meine nicht die Seife auf dem Waschtisch.
Ich meine nicht den Klingelknopf für die Bedienung.

Ich meine die Gedanken, die man in diesen Einzelzim-
mern hat: Hier ist alles so auf Zweckmäßigkeit, auf nur einen Menschen, auf die schnelle Übernachtung abgestellt.
Es fehlt der Dialog, es fehlt das Echo, es fehlt ein Hauch
von Phantasie. Das eine Bett steht in der Ecke, und es ver-
führt dich, darüber nachzudenken, was die Minute in dieser Nacht an Schlaf kostet – denn viel wirst du, das spürst
du jetzt schon, hier nicht schlafen. Die Koje eines Bootes,
die Pritsche eines Gefängnisses, die Liege in einem Wartezimmer – an das alles denkst du bei diesem Einzelbett
in einem Einzelzimmer.

Wissen Sie, ich verreise nur noch mit meiner Frau! Zum
ersten, weil ich dann ein Doppelzimmer habe. Ich liebe
Doppelzimmer. Ich habe das Schild »Bitte nicht stören«
– »Please do not disturb« – »Ne veuillez pas déranger«
gern. Und dieses Schild, gleich nach der Ankunft, an die
Tür draußen vorzuhängen: Das ist noch mal wie in den
Flitterwochen.

Aber wenn es nur die Ankunft wäre! Mit seiner Frau
verreisen, das heißt mehr: In der Ferne ihr ganz nahe kommen. Das ist doch das ganz große Geheimnis, das in dem
Reisen zu zweit mit drin liegt: wegfahren, um zueinander
zu kommen. Was gehört nicht alles dazu? Zum Beispiel
dieses: Daß man morgens schon hinuntergeht in den
Frühstücksraum – »Bestell mir bitte eine Ei mit« – und

dann dort sitzen: zwischen all den grau gekleideten allein reisenden Herren, die Gesichter wie Uhren haben, die Akten mitschleppen, die zu Telefonen gerufen werden von irgendwelchen Pagen – und dann kommt mit der kurzen Verspätung, die Frauen so ziert und die Ehefrauen wieder in Frauen verwandelt, deine eigene Frau.

Und dann besuchen wir den Vatikan? Gehen wir in das Pantheon? Jagen wir raus nach Ostia ans Meer – kaufen wir erst den Bikini, in grün, in gelb, irgendwas Freches, die Kinder sind nicht da? Ja, wir kaufen erst den Bikini, und bitte: etwas kleiner als zu Hause, denn wir sind ja nicht zu Hause, wir sind hier wir; keine Kontrollen, keine Rücksichtnahmen – die eigene Frau ist eine herrliche Geliebte, wenn man sie als Geliebte behandelt.

Reisen? Ich reise nur mit meiner Frau! Nicht, daß wir uns nicht auch einmal unterwegs trennen – sie geht so gern in die Kirchen, stundenlang verschwand sie in Rom hinter dem Portal von S. Maria Maggiore, während ich durch die Straßen zog. Etwas ist ja von dem alten Spiel noch geblieben, das Abenteuer des Lebens zu entdecken, es vor allem in den Augen der fremden Frauen zu entdecken, zu spüren, ob sich Blicke, die einander kreuzen, auch treffen – das schnelle Sammeln von Pluspunkten: Nun gut, die Phantasie wandert mit, wenn du als Mann durch die Straßen wanderst . . . Aber dann? Du triffst deine Frau wieder, nimmst sie bei der Hand, du gehst mit ihr zum Hotel zurück – und du kannst in den Blicken der Menschen, die dir begegnen, ablesen, welch Glück dich gefangen hält.

Zu Hause werden wir blind, sehen wir uns selbst in einem matten Spiegel, erfahren wir wenig – die Frau von ihrem Mann, der Mann von seiner Frau. Auf Reisen werden wir sehend, erfahren wir viel – die Frau von ihrem Mann, der Mann von seiner Frau.

Was hat man sich nicht alles zu erzählen, wenn man zu zweit verreist! Die Läster-Stunde auf den Champs-Élysées, unser Augenzwinkern, als ein amerikanischer Globetrotter – ja, der große Bär, der sicher aus Dallas kam – mit der kleinen französischen Vollbusigen handelseinig wurde. Dieses kokette Ding mit dem kurzen Rock – erinnere dich, es war im Juni, an einem heißen schwülen Abend, und die Nacht, die am Himmel heraufzog, schien für eine Ewigkeit gemacht: so samtweich, schwarz, sternenübersät – dieses kokette Ding also zog mit dem Amerikaner ab, und wenige Sekunden später sagtest du nur: »Komm, laß uns auch gehen . . .« Männer, die allein reisen, bekommen oft so große Augen, weil sie suchen – Männer, die mit ihrer Frau verreisen, suchen nicht: Sie haben schon gefunden. Nun könnte – es sei zugegeben – der Einwand kommen: Ein Mann kann ja allein verreisen, ohne deshalb allein bleiben zu müssen.

Ich muß darum etwas deutlicher werden, wenn ich dieses Plädoyer für die Reise mit der eigenen Frau halte. Ich muß sagen: Liebe, das heißt doch wohl auch dies: den Wunsch zu haben, die Welt durch die Augen des geliebten Menschen zu sehen. Das ganze Leben ist eine Reise – mit immer wechselnden »Hotels«, mit immer wechselnden »Reisebekanntschaften«, mal ist es komfortabel, mal einfacher – aber es ist eine Reise. Diese Reise, diese große Reise durch das Leben braucht – damit sie gut verläuft – die kleinen Reisen zwischendurch, und zwar zu zweit! Glauben Sie mir: Die Frau, die Sie von einer solchen Reise mit nach Hause bringen – diese Frau ist eine andere und glücklichere Frau als zuvor.

Es kann sein, daß die Erinnerung an die kleinen Reisen Ihnen bei der großen Reise hilft. Mir geht es so: Wann immer im Fernsehen ein Bild von irgendeiner Stadt dieser Welt auftaucht, in der ich mit meiner Frau gewesen bin, geben wir uns blitzschnell die Hand. Tausend Erinnerungen stellen sich ein; an den italienischen Kellner, der uns das Frühstück unangemeldet ins Zimmer brachte; an den heißen Vormittag, als wir, pflastermüde geworden, in Paris baden wollten und man mir in der Badeanstalt eine viel zu große Badehose auslieh; an den Fremden im Prado von Madrid, der von dir so fasziniert war, daß er dich ansprach, obwohl ich neben dir stand.

Wird aber im Fernsehen eine Stadt gezeigt, in der ich allein gewesen bin – Helsinki beispielsweise –, kommt die Hand meiner Frau nicht. Die gemeinsame Erinnerung fehlt, ich kann ihr nur erzählen, wie die Straße aussieht, die ich dort allein entlanggelaufen bin, aber das ist ohne Bezug, da hängt kein Stück Herz daran, es scheint mir, als sei ich dort als Fremder gewesen.

In der Fremde sollte man kein Fremder sein! Ich nehme meine Frau mit, denn – so der Dichter Theodor Storm an seine Frau, so ich an meine Frau: – »Wo du mir bist, bin ich zu Haus«.

In jedem Ende ist ein neuer Anfang

Er lag doch noch in so weiter Ferne: dieser letzte Ferientag, dieser Tag im Niemandsland zwischen Nichtstun und Geschäftigkeit – doch nun ist er plötzlich da!

Es begann ganz unmerklich, als meine Frau vor drei Tagen, eher beiläufig, meinte: »Weißt du eigentlich, daß wir schon in hundert Stunden wieder zu Hause sind?«

Dieser Nadelstich, er ging vorüber. Wie sich die Natur vor dem Herbst noch einmal aufbäumt und uns die »fünfte Jahreszeit« beschert, die herrlichen Tage, bevor sich der Sommer in den Herbst verwandelt, so steigern sich auch die letzten Ferienstunden. Alles genießt man nun viel mehr: den Weg zum Strand, das Baden, die fröhliche Runde in der Bar, das Gespräch mit den Freunden für eine Saison.

Und dann kommt unerbittlich der Morgen der Abreise! Während man im Frühstücksraum sitzt, wird bereits das Gepäck abgeholt. Der Kellner wünscht uns eine gute Reise, er hat am Anzug erkannt, daß wir nicht bleiben: Straßenschuhe haben die Sandalen abgelöst.

Bis zur Abfahrt des Taxis sitzen wir am Swimmingpool, nun zu zweit auf einer Liege, wir gehören ja schon nicht mehr ganz dazu, wir haben für diesen Tag ja auch nicht mehr bezahlt. Nebenan hat sich wieder die etwas zu laute Clique aus London niedergelassen: Das »Hallo-morning« springt wie ein Tennisball hin und her, Auftakt für das Perpetuum mobile von Lachen, Lärm. Zwar werden wir noch mit ein paar Scherzen in die Gespräche hineingezogen, aber wir spüren: Es ist doch mehr das Mitleid mit denen, die nun aus diesem Paradies abreisen müssen.

Der Ober, der uns noch einen Campari bringt – er kassiert gleich. Er hat es nie getan – nun muß er es tun, denn er sieht es uns ja an, daß wir die Hotelrechnung schon bezahlt haben, aber gleichviel: Eine Spur schneller, geschäftlicher, kühler als all die Tage zuvor geht es nun doch zu.

Und während um uns herum das ganze Hotel zu vibrieren scheint, in Erwartung eines neuen heißen Ferientages, während die Menschen ihre Gesichter der Sonne zuwenden wie einem Götzen, denke ich: Überall im Leben kommen wir immer wieder in diese Situationen, daß wir plötzlich nicht mehr »dazugehören«. Und ein kleiner Schmerz stellt sich ein.

Bis eine Stunde später die Stewardeß den Flug in Richtung Frankfurt ankündigt, der Silbervogel sich erhebt, wir noch einmal nach unten schauen, wo irgendwo an der grünblauen Küste »unser« Hotel steht, in dem wir eben noch für Augenblicke so melancholisch waren. Spätestens dann fällt uns die alte Weisheit ein, wonach in jedem Ende auch erfreulicherweise ein neuer Anfang steckt. Und damit läßt es sich ganz gut reisen – und leben.

V
BEGEGNUNGEN MIT MENSCHEN: ZU KURZ, ZU SCHNELL

UND PLÖTZLICH IST DAS ZIMMER LEER

Das gibt es doch: daß man mit Menschen eng zusammenarbeitet, daß man sich auf irgendwelchen Korridoren zu irgendwelchen Zeiten trifft, sich »alles Gute« wünscht, ein schönes Wochenende, daß man in Konferenzen stundenlang nebeneinandersitzt, daß man – spätestens bei der Weihnachtsfeier – auch etwas davon erfährt, was »der andere« denn so privat erlebt und wie er lebt und was ihm in seinem Leben Freude macht – und daß man denkt, man könne immer weiter miteinander reden, denn man ist ja noch nicht mal sechzig, kein Alter, ohne Frage – und dann plötzlich . . .

Dann kommt man eines Morgens ins Büro, und schon der Portier fragt, ob man die schreckliche Nachricht gehört habe, man fragt zurück, was denn nun schon wieder Schlimmes durchs Radio gekommen sei, und dann hört man, daß der Mann aus dem Zimmer ein paar Türen weiter gemeint ist: Herzversagen, Sekundentod.

Und nun geht man an seinem Zimmer vorbei, in das man oft gegangen ist. Da ist eine Scheu, den Stuhl zu sehen, auf dem er saß, den Schreibtisch zu sehen, an dem er arbeitete.

Sofort denkt man an das letzte Gespräch, das man mit ihm führte. War in seiner Stimme Außergewöhnliches? Kraftlosigkeit? Melancholie gar? Nein, es war alles »ganz normal«. Er hatte ein paar Zahlen genannt, sie hatten etwas mit Umsatz, mit Marktentwicklung zu tun. Aber dann am Schluß gab es noch ein paar Gedanken zu diesem Sommer, der nun zu Ende geht. So ist es ja nicht, daß er nicht auch seinen Blick in den Himmel richtete! Was wissen wir denn wirklich von denen, mit denen wir Korridore, Konferenzräume, Fahrstühle tagsüber teilen? Wenn man die Gespräche nur richtig führt, wenn man durch die Aktendeckel und Schnellhefter hindurchsticht, dann entdecken wir: Im Alltagsgeschäft sehen wir nur einen Teil des Menschen, den uns zugewandten.

Nun gehe ich an seinem Zimmer vorbei, das zur Straßenseite liegt, Parterre, plötzlich fehlt der schnelle Gruß, den wir manchmal nur mit einer Handbewegung wechselten, denn es war so eingerichtet, daß die Sonnenblenden halb hoch waren: Man konnte, trat man an die Scheiben heran, ihn gut sehen, aber man konnte auch einfach vorbeigehen, man hatte die Wahl, ihn zu begrüßen – oder nicht.

Und ich bin nun glücklich über jedes Mal, da ich ihn grüßte, aber ich frage mich auch, warum ich oft vorbeihastete, weil ich glaubte, keine Zeit zu haben.

Das vergessene Taschentuch

Irgend jemand, dessen Namen ich nicht verstanden hatte und dessen Stimme gleichwohl vertraut klang, sagte am Telefon, ich würde jetzt mit dem Altersheim verbunden werden. Dann gab es eine kurze Pause, und ich hatte plötzlich Angst. Die Bilder des Menschen, um den es hier nur gehen konnte – eine alte Dame der Verwandtschaft –, schossen an mir vorüber. Ich sah ihr Lächeln, ihre scheue Freundlichkeit, ihre Sanftmut, auch die Fröhlichkeit in früheren Jahren und das Lachen.

Und dann kam die Nachricht: Krankenhaus! Intensive Behandlung, die Ärzte wissen noch nicht mehr zu sagen. Die Adresse? Abteilung A, Zimmer ... Und ohne nachzudenken, gleichsam automatisch, wußte ich, daß sich hier ein Leben neigt.

Und während ich nun etwas sage, Betroffenheit durch Geschäftigkeit zu verdrängen suche, drehen sich meine Gedanken um die Frage, wie es ihr gehen mag, der alten Dame, ob ich sie noch sehen werde, wenn ich sofort losfahre, und – dies vor allem: ob ich eigentlich »alles« getan habe?

Wann war ich zuletzt bei ihr gewesen? War es vor vier Wochen? Da war ich an der Stadt vorbeigekommen und hatte plötzlich den Wagen doch zur Stadteinfahrt gelenkt, ich sollte mal »überraschend« reinschauen, ich habe es getan, gut ist es gewesen, das wußte ich schon damals, als ich den langen Korridor des Altenheims entlangging und das Zimmer suchte.

Und dann wurde die alte Dame herausgebeten, man saß zusammen auf einer Bank, wo die Mitbewohner vorbeigingen und grüßten. Worüber wir sprachen? Über Belangloses. Das Wetter, die Verpflegung im Heim. Ob es im Kino ein paar Straßen weiter vielleicht einen Film geben würde, den sie sich anschauen könnte, es gibt heute so wenig Filme für alte Damen. Ob sie einen Wunsch habe? Ja, daß ich mal wieder so plötzlich vorbeischauen möge, das wäre so ein Wunsch. Mal mit anderen Menschen sprechen, nicht nur mit denen im Heim.

Ich hatte damals die alte Dame mit nach Hause genommen, sie hatte bei uns den Abend verbracht, als sie ging, sagte sie, das Schönste sei gewesen, einmal anderes Brot, anderen Käse, andere Wurst zu sehen als bei sich »zu Hause«. Dies Wort Zuhause war trostreich für mich, denn es schien mir zu sagen: Sie fühlte sich im Heim wohl.

Als ich sie wieder ablieferte, mußte die Tür des Heimes vom Nachtdienst geöffnet werden. »So spät war ich schon lange nicht mehr aus, vielen Dank«, sagte sie und verschwand. Und sie lächelte wieder, wie eben nur alte Damen lächeln können, die uns mit unserem Umhergetriebensein so recht nicht mehr verstehen können.

Sie hatte, ich bemerkte es erst später, ihr Taschentuch in meinem Wagen vergessen – ich werde es ihr das nächste Mal bringen, dachte ich mir, ich werde versuchen, daß die Pause bis dahin nicht wieder so lange sein wird.

Und während ich heimfuhr, hatte ich ein unglaublich gutes Gefühl, etwas getan zu haben, was man so selten tut: Ich hatte jemandem meine Zeit gegeben. Und: Die alte Dame hatte mich gelehrt, wie wichtig das ist. Kurz darauf kam ein neuer Anruf mit der Nachricht, die ich befürchtet hatte . . . Wer noch irgendwo hinfahren kann, zu einer alten Dame, der sollte es tun!

SAG DOCH MAL WAS

Die Szene war so unscheinbar, so nebenher, so im Vorübergehen, daß ich erst später – beim Heimweg – erschrocken war. Ich weiß nicht, ob ich eine solche Bagatelle des Alltags überhaupt berichten darf. Ich will es trotzdem wagen.

Ich hatte in einem jener Lebensmittelgeschäfte, die einzelne Abteilungen unterhalten – für Fleisch, für Obst, für Brot –, ein Paket Knäckebrot verlangt. Die Verkäuferin, etwa vierzig, vielleicht auch um die Fünfzig – wer kann das heute schon so genau sagen? –, hantierte gerade mit Tortenstücken, ein fast akrobatischer Vorgang, während ich ein Regal tiefer nach dem Knäckebrot greifen wollte.

Sie bat mich freundlich, einen Moment zu warten, ich folgte gehorsam, meinte nur: »Wenn jetzt Ihre Torte herunterfällt, haben wir einen Effekt wie im Stummfilm.« – Ein ganz harmloser Satz also, wie ich zugebe, aber sie lachte trotzdem. Und dann rief sie zu mir herüber: »Endlich mal ein Mensch, der hier überhaupt irgend etwas sagt.« Auf meine Frage, was sie damit meinte, antwortete sie nur: »Die meisten Kunden sind so stumm wie Fische.«

Das also war's, was diese Frau in ihren acht, neun, zehn Stunden im Geschäft bedrückt: daß eigentlich niemand etwas sagt, höchstens die Bestellung, wenn es denn schon gar nicht mit einem eigenen Handgriff geht. Ein Roboter würde eigentlich genügen.

Ich stellte mir vor, was diese Frau abends, nach einem langen Tag unter Neonlicht, ihrem Mann erzählt, der vielleicht auch einen langen Tag in einem Büro unter Neonlicht hinter sich gebracht hat: gar nichts! Daß hundert Gesichter an ihr vorbeigezogen sind, schweigende, hastende, suchende Menschen, aber alles ein Geschehen ohne Witz, Lachen und Meinungen – das ist wahrlich keine Sache, die dem Leben Würze gibt!

Der Zufall wollte es, daß ich – heimgekommen mit diesem kleinen Erlebnis trostloser Einsamkeit – ein Interview mit dem Schriftsteller Siegfried Lenz las, der gerade seinen Geburtstag feierte. »Der Autor ist nicht der Alleinzuständige«, philosophierte er, »Literatur geschieht erst, wenn ein anderer teilnimmt; Literatur ist auf den anderen angewiesen.« Diese Weisheit, die eine Wahrheit ist, läßt sich spielend hochrechnen: Im ganzen Leben ist unsereins auf den anderen angewiesen.

Da muß man kein Dichter sein, da genügt es, Verkäuferin in einer Brotabteilung zu sein. Nur im Spiegel einer anderen Seele können wir uns finden. Das mag bei einem langen Gespräch des Vertrauens geschehen – Kostbarkeit! Das kann aber auch im Vorübergehen sein, die Südländer machen es uns vor mit ihrer beneidenswerten Leichtigkeit ...

Nach dieser kleinen Szene habe ich genauer beobachtet, was wirklich geschieht, wenn hierzulande Menschen aufeinandertreffen – im Geschäft, in der Bahn, bei den Behörden –, und ich muß sagen: Es geht da bei uns schon sehr karg zu. Ein schnelles Scherzwort, ein Kompliment, ein kleiner Brückenschlag – das alles ist selten. Dafür verbissenes Nebeneinander! Wissen wir denn nicht um die alte Weisheit, wonach die Erde eine Bühne ist, auf der nur dies geschieht: »Du kommst, siehst – und gehst?« Warum nicht ein paar Stichworte liefern, damit der Dialog läuft, das Spiel funktioniert? Die Einsamkeit ringsum ist doch viel zu groß!

NUR WER LEBT, HAT RECHT

In den Akten in meinem Büro suchte ich einen alten Vorgang, eine Sache, die noch vor Gericht muß, abgelegt unter einem Stichwort, die Mappe lag in der unteren Reihe, die Korrespondenz war ein paar Jahre alt. Und plötzlich, beim Blättern, beim Suchen, traf ich auf seinen Namen. Es war der Name eines Mitarbeiters, den ich lange nicht mehr in meinem Sinn hatte. Mein Gott, es schieben sich immer neue Namen nach vorne auf der Bühne des Lebens, gerade in einem Büro, gerade bei dienstlichen Vorgängen. Und nun stand ich da, hielt inne – und las seine Unterschrift unter einer Aktennotiz.

Ich hätte die Notiz, deren Inhalt nur ein Gespräch festhielt, einfach in die Mappe zurücklegen können, aber ich vermochte es nicht. Ich las die wenigen spröden, nüchternen Zeilen . . . es ist abgemacht, daß . . . wir haben uns verpflichtet, der Gegenpartei . . . schlage ich vor, noch einmal nachzuprüfen, wenn . . . Und dann am Schluß: das Datum zu seiner Unterschrift.

Diese Unterschrift war etwas fahriger im Schriftbild, als ich sie sonst – von diesem Mann – in Erinnerung hatte. Nun dachte ich nach, kombinierte das Datum mit meinen Erinnerungen – keine Frage: Auch ohne Graphologe zu sein, konnte ich heute erkennen: Etwas von Müdigkeit und etwas von einer jähen Schnelligkeit war in diesem Schriftbild auszumachen. Kurze Zeit nach dieser Aktennotiz war dann ja auch die Nachricht seines Todes gekommen – Herzinfarkt!

Nun stand das Bild dieses Mannes, der nur ein paar Abteilungen von mir entfernt, aber im gleichen Hause arbeitete, mit dem mich nichts Direktes verband, eben nur ein paar dienstliche Vorgänge, fast lebendig vor mir. Er war immer sehr herzlich gewesen. So paßte es auch nicht ins Bild, daß bei dieser seiner letzten Mitteilung die Anrede fehlte. Er hatte wirklich nur das Allernötigste festgehalten, so als sei ihm alles schon ein bißchen zuviel geworden. Und diese seine Zeilen sollten den Vorgang in die Zukunft hinein beeinflussen. Nun war diese Zukunft plötzlich Gegenwart, aber er konnte sie nicht mehr erleben – ich hielt nur noch seinen Zettel in der Hand.

Ich erinnere mich noch genau: an den kurzen Schmerz, der wie eine Stichwunde war, vor zwei Jahren, als die Nachricht kam. Aber die Zeit heilt ja die Wunden. Bis dann plötzlich alles wieder aufgerissen wird, durch nichts weiter als durch so ein kleines Stück Papier.

Sentimental? Zu viele Gefühle in einer Firma? Geht das Leben nicht immer weiter? Wird nicht auch ein Brief von mir von heute in irgendeiner Mappe verschwinden und vielleicht einmal wichtig werden, nur weil ein Vorgang wieder auftaucht . . .?

Wie wird das dann aber sein? Irgendein anderer wird dann meine Zeilen lesen und darüber zur Tagesordnung übergehen. Er wird vielleicht sogar ganz anders entscheiden, als ich es heute in irgendeiner Aktennotiz angeraten habe.

Hat wirklich nur recht, wer lebt? Wir fragen uns das – in solchen Augenblicken.

UND WOVON REDEN SIE AM ABEND?

Wir saßen zusammen: ein Arzt, zwei Anwälte von kühler Faszination; ein Architekt, begleitet von einer langbeinigen Schönheit, ein Gymnastiklehrer, soeben aus Bali zurück; ein Taxifahrer, Berliner; eine üppige Blondine, ein Nostalgie-Happen für jene Männer um fünfzig, die einstmals das Busenwunder Sophia Loren ins Kino lockte; wir alle waren vereint in dieser Sommernacht, die zuerst eine Beute unserer Eitelkeit wurde – und dann unserer Angst.

Denn gesprochen wurde von der schleichenden Inflation, von Geheimtips bei Schweizer Banken, von Grundstücken auf Mallorca. Man müsse weniger arbeiten, wurde gesagt, man sollte das Leben mehr genießen. Und der Mann aus Bali meinte: »Auf Bali sind die Menschen arm, aber glücklich, und ihr seid reich, aber unglücklich – ihr macht doch etwas falsch.«

Und plötzlich waren wir alle ganz still. Und das Gespräch drehte wie der Wind. Und die Soulmusik verstummte. Es brannten nur noch Kerzen. Wir alle rückten enger zusammen. Und wir sprachen von dem Sinn unseres Daseins. Von den Büchern, die vielleicht helfen können. Von der Kathedrale sprach einer, in der er vor ewigen Zeiten einmal gewesen sei, als er noch betete . . .

Der Abend, der so laut begonnen hatte, war nun ganz leise. Einer berichtete, daß Psychologen in Wien eine seltsame Beobachtung gemacht hätten: Das Gefühl der Sinnlosigkeit ihres Lebens ist bei den Besuchern des Praters deutlich stärker ausgeprägt als bei der übrigen Bevölkerung, sie leiden mehr als andere unter »existentieller Frustration«. Das Karussell des Lebens kommt ihnen so unverständlich und sinnlos vor, daß sie dafür wenigstens hin und wieder auf das Karussell des Vergnügungsparks umsteigen.

Aber es muß nicht der Prater sein: Überall in unserem Leben stehen die Türen offen zur Zerstreuung, zu schnellem Genuß, zum Ich-und-noch-mal-Ich. Und vor den meisten Türen immer die Polit-Ideologen mit ihren Heilslehren wie Anreißer auf St. Pauli. Und überall Gedränge, überall Enttäuschung.

So irren wir durch das Spiegelkabinett auf der Suche nach etwas Ungeheurem: nach seelischem Luxus. Wir wollen nun auch noch Gemüt, Glauben, Liebe, Zärtlichkeit so luxuriös haben wie all die anderen Dinge. Und dann macht es irgendwann klick, und wir erkennen, daß der Spiegel gesprungen ist. Denn wir wollten zuviel!

Ein Brief mit schwarzem Rand

Nun, da die Nachricht seines Todes gekommen ist, denke ich noch einmal über seine Worte nach, soweit ich sie noch in Erinnerung habe. Ich versuche mir, genau vorzustellen, wie es gewesen ist, als ich vor ein paar Tagen bei ihm anrief, wie unser Gespräch in Gang kam, wie sich unsere Sätze aneinanderhängten. Auch den Tonfall versuche ich noch einmal zu erspüren; denn nun weiß ich ja, daß es nie wieder die Möglichkeit eines Gespräches geben wird. Die Nachricht kam soeben, der Brief war schwarz umrandet, die Unerbittlichkeit ist erschreckend.

Ich erinnere mich genau, daß ich zuerst angerufen hatte. Das ist tröstlich. Ich hatte mich also doch noch gemeldet, obwohl ich doch immer dachte, daß zwischen all den Terminen keine Zeit mehr blieb, denn eine Zeitlang, ein paar Wochen lang, war da eine Pause, eine ungewollte Pause. Es hat ja jeder seine alltäglichen Dinge zu betreiben, es schieben sich immer die angeblich so wichtigen Fragen in den Vordergrund, daß man zum Wesentlichen nicht mehr findet. Und dann notiert man auf einem kleinen Zettel nur: Morgen . . . anrufen – und den Namen – und vielleicht die Nummer.

Natürlich erinnere ich mich heute, da ich um die Unwiederholbarkeit dieses Gespräches weiß, an alle Einzelheiten. Ich erinnere mich, daß ich mit einer geschäftlichen Bagatelle begonnen hatte, mit einer dieser Belanglosigkeiten, als ob mir der Mut fehlte, ihm zu sagen, daß ich eigentlich nur wieder einmal mit ihm sprechen und seine Stimme hören wollte; zumal ich erfahren hatte, daß er krank gewesen war.

Er muß meine Verlegenheit gespürt haben, aber er ließ es mich nicht spüren: Ganz schnell zog er das Gespräch von dieser Belanglosigkeit weg. Es war dies eine Begabung, die ich bei ihm schon seit drei Jahrzehnten bewunderte. Immer steckten wir nach wenigen Sätzen mitten in den Sinnfragen des Lebens, die sich ja hinter den Querelen des Tages verbergen. Es war auch in wenigen Sekunden wieder jene Übereinstimmung da, die vergessen ließ, wie die Zeit dahinging – es wurde ein langes Gespräch.

Und dann: der Schluß. Er kam, wenn ich heute daran zurückdenke, etwas schnell; wir sagten, daß wir uns ja bald sehen würden, daß man überhaupt öfter miteinander sprechen sollte – und dann legten wir die Hörer auf. Ich wußte, daß an diesem Tag nirgends mehr ein besseres Gespräch zu holen war. Und über alle folgenden Stunden legte sich jenes Gefühl, das sich nur nach einem guten Gespräch einstellt und das zu den glücklichen Momenten dieses Lebens gehört.

Und jetzt kam dieser schwarzumrandete Brief. Wir können natürlich nicht mit dem bestürzenden Gedanken leben, daß jedes Telefonat vielleicht das letzte sein könnte. Wir können auch nicht so leben, als ob wir ewig weiter sprechen können. Und irgendwo dazwischen ist alles verborgen: Glück und Schmerz und Ohnmacht . . .

Da stand er, auf der Kanzel der Michaelis-Kirche zu Hamburg, der Theologe Helmut Thielicke, der doppelte Doktor, der Ehrendoktor, Professor, Schriftsteller, Denker, Weltreisende – und er bekannte mit allem Freimut, daß er, der aus Gottes Wort Kraft schöpfte und Kraft weitergibt, an einem Punkt kürzlich kapitulieren mußte: bei der Beerdigung einer jungen Frau, die viele kleine Kinder hinterließ; Vollwaisen sie alle, denn der Vater war kurz zuvor gestorben. Beim Anblick dieses Jammers wußte der Gottesmann nicht weiter. Und er sprach davon – vor über dreitausend Menschen.

Mich hat dieses »Nicht-mehr-weiter-Wissen«, dieses Bekenntnis einer Ohnmacht, berührt. In einer Zeit, in der es für jeden Schmerz eine Pille gibt, in der es angeblich besser sein soll, etwas Falsches zu sagen, als gar nichts zu sagen, in der es beinahe schon zum Überleben gehört, sich bloß keine Blöße zu geben, ist es wohl des Nachdenkens wert, wenn ein erfahrener, weiser Mann öffentlich zugibt: Hier konnte ich nichts mehr tun, hier war ich am Ende.

Wie wohltuend sich das abhebt von den Patentrezepten all jener Menschen, die wir so gut kennen, die wir überall treffen: Ich meine die sogenannten Senkrechtstarter, Top-Leute, Karriere-Macher, die ihre Trickkisten öffnen, um ihre unverfrorene Unfehlbarkeit hervorzuholen. Sie können alles, sie reißen alles an sich, sie dekorieren täglich das Schaufenster ihrer Eitelkeit und Macht. Natürlich wissen sie insgeheim oft um ihre Grenzen – aber sie haben nicht die Kraft zur Ehrlichkeit.

Wir sollten wirklich von dem Prediger Thielicke lernen, der in einem bestimmten Augenblick wußte, daß er nicht mehr weiter wußte. Ob bei Freunden, ob im Büro, wo immer auch: Wir alle brauchen ab und zu etwas mehr Demut, die noch seltener ist als Mut.

Vielleicht war es nur ein Zufall, vielleicht die Vorsaison, gleichviel: In jenem bayerischen Wirtshaus am Tegernsee, in dem ich mein Abendessen einnehmen wollte, sah ich ringsum nur ältere Leute. So kann man zwar keine Geschichte beginnen, aber so ist es nun einmal gewesen. Das einzige junge Paar verließ gerade den Raum, als ich kam – auch dieses sicher ein Zufall. So saß ich – selbst Anfang Fünfzig – inmitten der Alten und hatte Zeit, in Ruhe zu beobachten.

Und ich sah: Die Gesichter der Menschen sind nicht wie Uhren, man kann in ihnen die Zeit nicht genau ablesen. Daß Falten alt.machen, ist eine Erfindung: Der Mann mir gegenüber hat sicher alle Falten der Welt in sich vereinigt, Siege, Niederlagen erlebt, aber wie begeistert er seine Hände kreisen läßt, wenn er spricht – dagegen wirken manche dreißigjährige Glattgesichter müde, verbraucht, steinalt.

Alte Frauen sind demütig. Sie bestellen nach ihrem Mann, und doch ist alles ein Irrtum: In Wahrheit sind sie nur glücklich, wenn er glücklich ist, und er ist nur glücklich, wenn er zuerst bestellt, denn das ist immer so gewesen, zehn, zwanzig, dreißig Jahre lang, Fehler binden aneinander mehr als Freuden, und so sagt er: »Für mich den Jägerbraten – und für meine Frau . . .« Und die Frau lächelt still: Was ist denn in diesem Augenblick auch schon wirklich wichtig?

Alte Leute können unglaublich lange schweigen. Da drüben: Ein Mann und eine Frau sitzen schon eine kleine Ewigkeit beieinander und sagen nichts. Ein lang gelebtes

Leben erlaubt die Verständigung in Kürzeln. Sieh da, wie die alte Frau plötzlich ihre kleine Hand in seine große Hand hineinlegt, hineindreht, hineinmogelt – welches Wort trifft diese schnelle Zärtlichkeit genau?

Natürlich wissen alle hier im Saal um den sanften Abstieg, haben sie alle Höhen hinter sich, die Sonne fällt nur noch von der Seite in ihr Leben. Und doch war eine seltsam anrührende, fast fröhliche Stimmung in dem Raum. Vielleicht lag es daran, daß überhaupt nichts da war von dem »Schaut-mal-her-wie-fabelhaft-ich-bin-Getue«, das wir, so um die gefährlichen Fünfzig, gerne so dreist, so ungemütlich um uns verbreiten.

Dafür gab es jene nachdenkliche Dankbarkeit, die heute so kostbar ist. Und dies alles bei Menschen, die nicht den endlosen Horizont vor sich sehen, sondern harte Grenzmarkierungen. Ich habe mit den Alten nicht gesprochen. Aber als ich ging, glaubte ich, doch einiges verstanden zu haben.

Die alten Freunde sind die besten

Als ich seine Nummer wählte, wollte ich den Hörer plötzlich wieder zurücklegen, zu lange hatten wir uns nicht gesehen, mindestens zehn Jahre, die Bekanntschaft hatte sich über die Jahre verflüchtigt, sie hatte sich eigentlich sogar aufgelöst — was also treibt mich, ihn anzurufen, weil ich zufällig durch diese Stadt fahre, von der ich nur weiß, daß er noch immer in ihr wohnt?

Ist es — so fragte ich mich weiter, während ich langsam die nächsten Zahlen drücke — pure Neugier auf den Menschen, mit dem ich ein paar Jahre das Büro geteilt hatte, ist es Vorfreude, ist es einfach der Wunsch, den Abend in der fremden Stadt abseits des kühlen Hotelzimmers zu verbringen, in irgendeiner privaten Umgebung, wo alle Gespräche damit beginnen, daß man sagt: »Mensch, wie war das damals noch . . .?«

Was treibt uns Menschen dazu, hin und wieder die alten Wege zu gehen, die alten Gesichter zu schauen, die alten Stimmen zu hören, die vertrauten Gedanken wiederzufinden? Will man sein Leben messen, indem man in ein anderes hineinschaut — was hat man, im Gegensatz zum anderen, falsch, was richtig, was besser, was schlechter gemacht?

Seine Frau war am Apparat. Ja, sie würde sich noch an mich erinnern. Ja, ich könne Rolf sprechen, ich möchte doch in einer Stunde nochmal anrufen. Ihr Mann habe sich etwas hingelegt. Nun, ich wolle ja nicht stören. Nein, ich würde nicht stören, er würde sich freuen. Also dann bis um sieben. »Aber bitte, zum Abendbrot.«

Ein paar Blumen. Ein Taxi. Häuschen im Grünen, am

Stadtrand. Klingeln. Und dann: Er steht vor mir. Er ist zehn Jahre älter geworden – und noch ein bißchen mehr. Er geht langsam. Er spricht langsam. Ich freue mich, daß wir ganz schnell wieder in der Erinnerung beieinander sind. Wir lachen sogar. Die alten Büroscherze! Die Erinnerung an die irre Party, als ich ging und die Stadt verließ. Die Sekretärin sei kurz darauf auch weggezogen. Es sei überhaupt alles ganz anders geworden. Und dann sei Ärger in die Firma gekommen. Und dann: sein Herzinfarkt!

Nun wußte ich also, warum er so langsam sprach und warum er so langsam ging. Die Frau sagte etwas vom Kräftehaushalten.

Plötzlich hatte ich ein schlechtes Gefühl. Ich hatte ja für einen Augenblick gedacht, ich lasse es sein, ich besuche ihn nicht, wenn sie ihn nicht einmal ans Telefon holt, »weil er sich hingelegt hat« – wenn ich ihm so wenig bedeute, daß er nicht einmal geweckt werden kann, dann gehe ich doch lieber ins Kino ...

Als ich gegen Mitternacht zurückfuhr, war ich unendlich dankbar. Abendessen im Hotel ist gut, Kino ist gut, durch fremde Straßen gehen ist gut – aber was ist das alles, wenn ich dagegensetze: das Gespräch, das Herbeizaubern der Erinnerung, das Gefühl, ein Stück gelebtes Leben noch einmal im Zeitraffer neu zu sehen – und die Flüchtigkeit des Lebens für einige Stunden festgehalten zu haben.

Und noch im Taxi dachte ich: Die alten Freunde sind sogar noch dann die besten, wenn man sie schon fast verloren glaubte.

Das erste Du

Man müßte das Mädchen, das man liebt, an die Hand nehmen und fortfahren. Am besten dorthin, wo der Mensch
abseits vom atemlosen Alltag einen Hauch von Dauer
verspürt: Ans Meer also, das ohne Alter zu sein scheint,
das seine Wellen ans Ufer schickt wie vom Anbeginn, mit
einem Himmel darüber, wie ihn die Städte nicht kennen.
Hier müßte man zueinander du sagen, zum erstenmal. Am
schönsten ist es, wenn dieses Du plötzlich da ist, hinge-
zaubert, wenn es sich wie selbstverständlich in das Gespräch hineinschleicht. Du hältst einen Augenblick inne,
etwas verwirrt, schaust in ihre Augen, wägst die Antwort
– und du weißt: Nie wieder wird das fremde Sie sich zwischen euch schieben, wie eine Wand.

Es gibt Menschen, die einem – kaum, daß man sie ken-
nengelernt hat – das Gefühl vermitteln: Wir müßten irgendwann du zueinander sagen, so viel Gemeinsames ver-
bindet uns. Bei der Frau aber, die man liebt – da müßte
dieses Gefühl sofort da sein. Dann kann ruhig das Sie mo-
natelang »gepflegt« werden – für die Ohren, die sich auf
feinere Töne verstehen, klingt es ohnehin schon wie ein
Du.

Ich weiß, daß die jungen Leute heute sofort und unbe-
sehen du zueinander sagen. Ich fürchte: Irgendwie wird
dieses stürmische Du bezahlt werden müssen. Denn Hindernisse, die nicht zu nehmen sind, bringen auch keine
Siege. Daß man sich das Leben einfach macht, ist ver-
ständlich. Aber die Liebe zu vereinfachen – was soll daran
sinnvoll sein? Ist nicht der Wechsel vom Sie zum Du ein
herrlicher Genuß, vergleichbar mit der ersten Fahrt aus

dem neblig kühlen Norden in den heiteren besonnten Süden?

Vorher war man Gefangener seiner kleinen eigenen Welt: Und diese Welt hieß Ich. Ich will, ich möchte, ich muß, ich kann – immer ich, überall ich. Und dann kommt, unbemerkt zuerst, das Wort Wir: Wir könnten, wir sollten, wir müßten . . .

Mit jedem Du, das Liebende ehrlichen Herzens zueinander sprechen, wird diese Welt ein wenig heller. Diese Welt kann es gebrauchen.

VERZEIHUNG, ICH WAR SEHR IN EILE

Er war ein Nachbar, nur ein paar Wände trennten sein Leben von meinem Leben, wir gingen auf derselben Straße vor unserem Haus, viele tausend Male, ich wußte nach all den Jahren seinen Nachnamen, den Vornamen wußte ich nicht. Nur einmal habe ich an seiner Wohnungstür geklingelt, als der Postbote eine Drucksache, die für ihn bestimmt war, irrtümlich bei mir abgegeben hatte; er bat mich, doch einzutreten, aber ich war in Eile, wie immer in Eile, und so sagte ich: »Ein anderes Mal, vielen Dank« – und ging.

Wir trafen uns dann später seltener, mir fiel nur auf, daß in seinem Zimmer nachts lange das Licht brannte, manche Nacht schien es überhaupt nicht zu erlöschen, ich war dennoch nicht in Sorge, ich kannte ja nur seinen Nachnamen, den Vornamen kannte ich nicht, wußte nur – woher eigentlich? –, daß er es am Herzen hatte, rote Äderchen in seinem Gesicht waren mir einmal aufgefallen, aber, was besagt das schon? – Und ich vermochte sein Alter zu schätzen: etwas über fünfzig, ein Irrtum, wie sich später herausstellen sollte.

Mehr wußte ich nicht von dem freundlichen Mann, mit dem ich ein »Wie-geht's« und ein »Danke-gut« hin- und hergrüßte, Floskeln, im Vorbeigehen. Er hatte, eindeutig, immer etwas mehr Zeit als ich, schien auf ein Gespräch zu hoffen, rief mir kürzlich erst über die Straße hinweg die liebenswürdige Mahnung zu: »Sie wollten mich doch einmal besuchen!« – Aber da schoben sich Autos zwischen seine Aufforderung und meine Antwort, von der ich so schnell nicht wußte, wie sie eigentlich lauten könnte.

Es hat ja auch noch Zeit, dachte ich, aber ich sollte das nächste Mal wirklich zu ihm gehen, was sind schon zehn Minuten, wie viele zehn Minuten vergeudet man nicht sinnlos an einem Tag, und diese zehn Minuten würden nicht einmal sinnlos sein, denn der Mann hatte ja ein Leben gelebt, er hatte sicher etwas zu sagen, er war nur an den Rand gedrängt worden, und er hat es am Herzen, ich sagte es schon, da wird man schnell beiseite geschoben, heute – was soll ich noch berichten?

Gestern hörte ich, daß der Nachbar gestorben ist, Herzinfarkt – Ende Vierzig. Nur ein paar Wände trennten sein Leben von meinem Leben – und ein paar Gedankenlosigkeiten. Und der kleine große Irrtum, daß man immer glaubt, alles eines Tages noch nachholen zu können.